Ulrich Büttner . Egon Schwär

# KONSTANZER KONZIL GESCHICHTE(N)

erklärt durch unterhaltsame Erzählungen

Ulrich Büttner, 4.9.14

Ulrich Büttner . Egon Schwär

# KONSTANZER KONZIL GESCHICHTE(N)

erklärt durch unterhaltsame Erzählungen

STADLER

Verlag Stadler
Seit 1815

# IMPRESSUM

VERLAG UND VERTRIEB:
Stadler Verlagsgesellschaft
Max-Stromeyer-Straße 172
78467 Konstanz
www.verlag-stadler.de
info@verlag-stadler.de



2. AUFLAGE 2014

DESIGN UND KONZEPT:
Diana Dörfl, Konstanz
www.doerfl-multivitamine.de

SATZHERSTELLUNG:
Satzteam Dieter Stöckler, Konstanz

BILDNACHWEIS:
Stadt Konstanz, Stadtarchiv,
Getty Images, Seite 124,
Umschlagrückseite: Foto Silke Schwär

GESAMTHERSTELLUNG:
Gorenjski Tisk Storitve, Karnj

ISBN 978-3-7977-0580-8

# INHALT

# INHALT

# VORWORT

Vor 600 Jahren fand der größte Kongress des europäischen Mittelalters in Konstanz statt. Menschen aus der gesamten damals bekannten Welt strömten an den Bodensee, um bei jenem einzigartigen Ereignis dabei zu sein, das als Konstanzer Konzil in die Geschichte eingehen sollte. Viele drängende Probleme beschäftigten damals die Kirche und die gesamte Christenheit, so dass diese allgemeine Kirchenversammlung notwendig wurde.

Schon zahlreiche Bücher wurden dazu geschrieben, und doch ist der vorliegende Band, den Sie in der Hand halten, eine Neuheit. Erstmals wurden alle bekannten Sagen und Legenden rund um das Konstanzer Konzil gesammelt und nacherzählt. Dabei haben wir uns nicht nur auf die Sage bzw. Legende im engeren Sinne konzentriert, sondern auch kleinere Geschichten und Anekdoten aufgenommen, die sich auf dem Konzil zugetragen haben und sehr kurzweilig sind.

Die Geschichten werden Sie ebenso unterhalten wie auch einen tieferen Einblick in die Hintergründe des Konzils und seine Zeit ermöglichen. Denn speziell Sagen schlagen eine Brücke zu historischen Ereignissen, über die die Geschichtsschreibung und die alten Dokumente kaum etwas berichten. Sie geben einen Einblick in die Gedankenwelt und die Gefühle der Menschen. Einige beruhen auf belegbaren Tatsachen, andere sind wohl frei erfunden. Der Wahrheitsgehalt ist ungewiss, jedoch sind sie Zeitzeugnisse, die fest mit der Region verbunden sind und uns Eindrücke von der Lebenswelt früherer Jahrhunderte erlauben.

Als „Nachtwächter von Konstanz“ und „Ritter unterwegs durch Konzilszeit und Mittelalter“ kennen wir uns in der Geschichte der Stadt natürlich bestens aus. Wir möchten Sie daher einladen, mit uns einen Streifzug durch die Zeit zu unternehmen, als die Welt zu Gast in Konstanz war.

Viel Spaß beim Lesen

Ulrich Büttner und Egon Schwar, 2014

*John Wyclif*

# DER ERRÖTENDE KÖNIG

**Warum ein König wegen eines streitbaren Professors errötete und warum 100 Jahre später ein anderer Herrscher dies nicht tat**

Vor 600 Jahren tagte die größte und bunteste Versammlung des Mittelalters bei uns am Bodensee. Am 5. November 1414 öffnete das 16. Ökumenische Konzil in Konstanz seine Pforten. Es sollte fast 4 Jahre dauern, bis sie wieder geschlossen wurden. Vertreter der gesamten Christenheit waren in die altehrwürdige Bischofsstadt geströmt, um über Angelegenheiten zu beraten und zu beschließen, die das Abendland schon seit Jahrzehnten beschäftigten. Im Mittelpunkt der Beratungen befanden sich drei Themenkomplexe.

Zuerst einmal stand die Frage im Raum, wer denn nun der wahre Stellvertreter Christi auf Erden sei. Da es seit 1409 drei Päpste gleichzeitig gab (einer saß in Rom, einer in Avignon und einer war der sog. Pisaner Papst), bestand dringender Handlungsbedarf: Gemäß der Idee, es könne nur einen Oberhirten der Kirche von Rom geben, musste entweder einer der drei sich durchsetzen oder es musste ein neuer Papst her. Darüber wurde auf dem Konzil jahrelang diskutiert und gestritten. Ziel war die Einheit der abendländischen Kirche. In den Originalquellen wird dies meist mit den lateinischen Worten „causa unionis" beschrieben.

Darüber hinaus bedurften die allgemeinen kirchlichen Zustände dringend einer Reform. Dabei ging es einerseits um die äußere Verfassung der Kirche, d.h. um Aufbau und die Organisation, andererseits um ihre innere Beschaffenheit, d.h. um die materiellen Verhältnisse und theologischen Lehren, aber auch um den Ausbildungsstand und die sittlich-moralische Lebensführung der Geistlichen. Angestrebt wurde eine Reform der Kirche „an Haupt und Gliedern" (auf Latein wird dies „causa reformationis" genannt).

Damit aber noch nicht genug. Eng verbunden mit der Reform der Kirche ist das letzte der drei Hauptziele des Konzils, die „causa fidei" – die Frage nach der richtigen kirchlichen Verkündigung und Sakramentenlehre. Damit verknüpft war auch die Bekämpfung der sog. Ketzerlehren, die damals weit verbreitet waren. Ketzer waren aus Sicht der katholischen Kirche diejenigen Männer und Frauen, die Irrlehren, falsche Lehren, verbreiteten und damit Ideen anhingen, die denen der Kirche widersprachen. Doch wie sollte man mit diesen „Fehlgeleiteten" umgehen, wie auf ihre Kritik reagieren?

Der geneigte Leser erkennt hier recht schnell, dass zu dieser Zeit in Konstanz viele Probleme ihrer Lösung harrten. Es war eine wahre Mammutaufgabe, die letztlich die Konzilsteilnehmer überfordern sollte. Aber greifen wir nicht vorweg. Kehren wir zurück zu den Anfängen, zurück in das Spätjahr 1414, als die Tage kühler und die Nächte länger wurden, als der Herbstnebel – wie jedes Jahr – die Stadt wie Watte überzog. Hier trafen sie sich also nun – all diese gelehrten Theologen, Kardinäle, Bischöfe, Äbte, aber auch einfache Priester waren in großer Zahl in der Stadt, um das Konzil aus der Nähe zu sehen und zu erleben. Womit sollte man anfangen, welche Probleme waren am drängendsten, welche konnte man erst einmal beiseiteschieben?

Sehr stürmische Jahre waren jenen Ereignissen in Konstanz vorausgegangen. Viele Kirchenkritiker hatten sich zu Wort gemeldet. Manche wiesen etwas besonnener, andere bisweilen mit zornigem Übereifer auf Missstände in der Kirche hin. Einer der wirkungsmächtigsten Kirchenkritiker des Spätmittelalters war der englische Gelehrte John Wyclif, ein Philosoph und Theologe. Vieles missfiel ihm an der römischen Kirche. Er bestritt u.a. den politischen Machtanspruch der Päpste ebenso wie die theologische Sinnhaftigkeit des Zölibats. Dass er zu einem der meistgehassten Männer der Kurie in Rom wurde, liegt auf der Hand. Allerdings erlag er schon 30 Jahre vor dem Konzil einem Schlaganfall. Aber seine Lehren starben nicht mit ihm. Ein Reformator mit dem Namen Jan Hus sollte viele seiner Ideen wenige Jahrzehnte später aufgreifen und wirkungsmächtig vertreten.

Dieser Jan Hus war ein böhmischer Theologe, Prediger und für die einen ein bedeutender Reformator, für die anderen ein unbelehrbarer Ketzer. Karriere hatte er zweifellos gemacht. Als Sohn eines Fuhrmanns fiel er schon in jungen Jahren durch seine außergewöhnliche Intelligenz auf und konnte sogar studieren. Er wurde Priester und brachte es bis zum Rektor der Universität von Prag. Hus sagte man nach, er könne durch die Kraft seiner Worte die Menschenmassen begeistern und seine Zeitgenossen von sich und seinen Ideen überzeugen. Als Lehrer der Philosophie und Theologie kam er mit den Gedanken Wyclifs in Berührung, die er sich schnell zu eigen machte.

Auch die Kirche beschäftigte sich mit diesen aus ihrer Sicht gefährlichen Ideen und damit auch mit Jan Hus. Man entschied sich, ihn nach Konstanz zu laden, um eine Lösung für dieses „böhmische Ärgernis“ zu finden. Der Schirmherr des Konzils, der deutsche König Sigismund, sicherte Hus freies Geleit sowohl für die An- und Abreise, als auch für die Dauer des Aufenthalts in Konstanz zu. Jan Hus solle kein Leid geschehen. Schriftlich garantierte dies ein sogenannter Geleitbrief des Herrschers. Der Böhme machte sich nun auf den Weg, um seine Ideen vor dem Konzil darzulegen und zu verteidigen. Das Wissen um die Freiheitsgarantien bestärkten Hus in seinem Entschluss, sich in die „Höhle des Löwen“ zu wagen. Am 3. November 1414 kam er schließlich in Konstanz an, noch vor der offiziellen Eröffnung des Konzils.

Eine Herberge fand er bei der Witwe Fida Pfister in der St. Paulsgasse, die im 20. Jahrhundert in Hussenstrasse umbenannt werden sollte. Mittlerweile war auch einer der drei Päpste in der Stadt, Johannes XXIII. Er bekräftigte den Schutz von Jan Hus, ihm werde kein Leid geschehen. Drei Wochen ließen die Kirchenoberen ihn unbehelligt in der Stadt wohnen und predigen. Doch dann schlug man zu: Der Reformator wurde gefangengenommen und im Verlies des Dominikanerklosters auf der Konstanzer Seeinsel gefangen gehalten, dort, wo sich heute das Inselhotel befindet. Sigismund war nicht zugegen und konnte daher nicht eingreifen. Als er aber – sich gerade in Speyer aufhaltend – von der Verhaftung des Jan Hus hörte, soll er getobt und geschworen haben, er werde den Böhmen befreien, und wenn er die Tür zu seiner Zelle persönlich einschlagen müsse. Auch wenn Hus davon nichts erfuhr, konnte er hoffen, dass der König ihn aus seiner misslichen Lage befreien würde, sobald er in der Stadt sei. Der Zorn des Herrschers war inszeniert. Als Sigismund in Konstanz ankam, bestätigte er die Haft des Jan Hus und genehmigte den Prozess gegen ihn. Es besteht kein Zweifel, der König hatte sein Wort gebrochen, sein Versprechen nicht eingehalten. Wohl fühlte sich der Herrscher dabei sicher nicht, aber er tat es. Doch wie sollte es nun weitergehen?

Bis zu Sigismunds Ankunft durchlebte Jan Hus schreckliche Wochen. Seine Zelle befand sich direkt unter den Latrinen der Mönche. Gesundheitlich war er schnell angeschlagen. Manche hatten gar Angst, dass er die Haft nicht überleben werde. So wurde er auf Befehl des Königs in ein anderes Gefängnis mit erträglicheren Haftbedingungen verlegt, damit er seinen Gerichtsprozess auf jeden Fall erlebe. Vielleicht war es auch das schlechte Gewissen, das Sigismund zu diesem „Akt der Menschlichkeit" trieb.

Als sich der Angeklagte und der König nun vor Gericht das erste Mal von Angesicht zu Angesicht gegenüberstanden, geschah etwas, das den Legendenschatz der deutschen Geschichte für alle Zeiten bereichern sollte: Hus ergriff das Wort, wandte sich direkt an Sigismund und deutete mit einer Geste seiner Hand auf den Herrscher. „Ich kam freiwillig und unter Geleit des Königs hier zum Konzil", schmetterte er dem peinlich berührten Sigismund entgegen. Starr und selbstbewusst in das Gesicht seines Gegenübers blickend, erinnerte Hus ihn an den für ihn ausgestellten königlichen Geleitbrief und die daraus abgeleiteten Freiheitsrechte. Sigismund hielt dem Blick des Böhmen nicht stand. Schweigend blickte er zur Seite, jeden Augenkontakt mit dem Angeklagten unter allen Umständen vermeidend. Als der König für alle Anwesenden deutlich erkennbar errötete, ging ein Raunen durch die Menge. Wann war ein König, der vor allem Würde und Macht ausstrahlen sollte, schon einmal schweigend errötet. Hus konnte sich als moralischer Sieger fühlen. An

seinem Schicksal änderte das nichts – er wurde verurteilt und vor den Toren der Stadt Konstanz als Ketzer verbrannt.
Sigismund indessen wurde beruhigt: Zahlreiche Berater und Kardinäle erklärten ihm, dass man sein Wort gegenüber einem Ketzer, einem Verbrecher, nicht halten müsse. Einer solchen Person stehe kein freies Geleit zu. Der König habe also sein Wort gar nicht gebrochen, er müsse sich deswegen keine Gedanken machen. Schon damals war das juristische Fachpersonal geübt darin, das Recht so auszulegen, dass es auch für die eigenen Ziele passt. Womit die Konzilsoberen wohl nicht gerechnet hatten, trat nun aber ein: Durch seinen Tod wurde Hus zum Märtyrer, zu einem unsterblichen Mythos. Seine Anhänger in Böhmen führten jahrelang erfolgreich Krieg gegen die Armee des Kaisers. Die sog. Hussitenkriege sollten das Reich erschüttern. Das Ziel, die Lehren von Hus und Wyclif endgültig zu beseitigen, wurde damit gründlich verfehlt. Sigismund war umsonst errötet. Denn eines sollte man nie vergessen: Nicht wenige Personen der Weltgeschichte werden erst im Tod wirklich unsterblich.
Doch damit ist unsere Legende noch nicht zu Ende erzählt: Gut 100 Jahre nach jenen Ereignissen in Konstanz drohte sich die Geschichte zu wiederholen. 1521 wurde ein kleiner Mönch und Professor aus Wittenberg, ein gewisser Martin Luther, der zum Teil ähnliche Ideen wie Hus vertrat, zum Reichstag nach Worms geladen. Auch ihm wurde von Seiten des Königs – damals war dies der mächtige Habsburger Karl V. – freies Geleit zugesichert. Luther machte sich auf den Weg, um vor den Vertretern des Reiches und der Kirche seine Thesen zu erklären und zu verteidigen. Viele seiner Freunde hatten ihn vor der Abreise allerdings gewarnt und an das Schicksal des Jan Hus erinnert. Das Wort eines Königs sei nicht viel wert, man würde ihn vor dem Reichstag aburteilen oder nach Rom schaffen, damit er dort verbrannt werden könne. Doch Luther glaubte nicht daran, dass man die Fehler des Konstanzer Konzils wiederholen werde. Niemand wollte einen neuen Religionskrieg, ein Märtyrer Luther wäre für die Kirche wohl noch viel gefährlicher gewesen.
Der Wittenberger Professor sollte sich nicht irren. Als er im Worms den Wiederruf seiner Thesen ablehnte und standhaft blieb, drängten nicht wenige Karl V., Luther zu verhaften und sich nicht an das königliche Versprechen des freien Geleits gebunden zu fühlen. Doch nun bewies der Habsburger, dass er sich in Geschichte auskannte und bereit war, aus ihr zu lernen. Das Drängen seiner Berater konterte er mit dem Hinweis auf das Konzil am Bodensee. „Ich will nicht erröten, wie mein Vorgänger Sigismund errötet ist!" Damit war für ihn das Thema vom Tisch. Luther wurde nicht verhaftet, die Erde drehte sich weiter und die Geschichte nahm ihren Lauf.
Zweifellos befand sich Europa damals im frühen 15. Jahrhundert in

einer Umbruchssituation. Moderne Historiker sprechen gerne von der Krise des Spätmittelalters – und in der Tat wirken all diese Streitereien und Konflikte jener fernen Zeit in der Rückschau wie die Geburtswehen eines neuen Zeitalters – der Renaissance, dem Beginn der Neuzeit. Ein errötender König, ein hingerichteter böhmischer Reformator, sich streitende Päpste und all die anderen Akteure jener fernen Vergangenheit – in der historischen Rückschau wirken sie allzu leicht wie Statisten auf der Bühne der Weltgeschichte, auf der der Vorhang für das tausendjährige Schauspiel des Mittelalters nun langsam fallen sollte. Wäre die Geschichte Europas anders verlaufen, wäre sie in andere Bahnen gelenkt worden, wenn Sigismund nicht hätte erröten müssen, wenn man Jan Hus nicht hingerichtet hätte, wenn der Kirche die Reform an Haupt und Gliedern in Konstanz gelungen wäre? Wäre Martin Luther ein unbekannter Mönch geblieben, sein Leben eine Fußnote der Geschichte? Hätte unser Kontinent das Zeitalter der Religionskriege übersprungen?
Wir moderne Menschen des 21. Jahrhunderts vermögen das nicht zu sagen, auch wenn solche „Was wäre gewesen, wenn"-Fragen schon immer die Fantasie der Menschen beflügelten.

Doch das Mittelalter war auch eine Zeit des Aberglaubens. So verwundert es nicht, dass auch der Leibhaftige seine Spuren auf dem Konzil hinterlassen hat. Dazu gleich mehr ...

*Jan Hus*

# DIE TEUFELSKRALLE IM MÜNSTER

## Wie ein Böhme dem Teufel Zutritt zum Münster verschaffte

Jan Hus war die wohl tragischste Figur des Konstanzer Konzils. Trotz eines kaiserlichen Briefes, der ihm freies Geleit zusicherte, wurde er in Konstanz verhaftet und vor Gericht gestellt. Es war in der alten Bischofskirche zu Konstanz, wo er letztendlich vor die Wahl gestellt wurde, zu widerrufen und damit sein Leben zu schonen und in einem Kerker zu fristen, oder auf dem Scheiterhaufen zu sterben. Man kann den Konzilsvätern nicht vorwerfen, dass sie Hus keine Chance gegeben hätten, sein Leben zu retten. Man baute ihm rhetorische Brücken, um ihn zum Einlenken zu bringen und letztendlich seinen Tod zu vermeiden. Denn an einem Märtyrer war die Kirchenspitze keinesfalls interessiert. Er hätte nur widerrufen müssen. Doch dazu war der Böhme nicht bereit. Eher wolle er sterben, als sich der Macht des Schwertes zu beugen, verkündete er. Aus Sicht seiner Anhänger blieb er standhaft trotz Haft und drohendem Todesurteil. Seine Kritiker hingegen warfen ihm Halsstarrigkeit und Uneinsichtigkeit vor. Wollte er vielleicht sogar insgeheim zum Märtyrer seiner Ideen und seiner Bewegung werden, um die Verderbtheit der weltlichen Kirche für alle sichtbar werden zu lassen? Wir werden es wohl nie mit Sicherheit erfahren.

An die Verurteilung von Jan Hus erinnert im Konstanzer Münster noch bis heute eine optische Auffälligkeit. Wenn man sich vom Haupteingang in das Mittelschiff begibt, stößt man nach einigen Metern auf eine seltsam verfärbte Platte im Boden, die dunkler ist als die anderen Stellen in ihrer Nähe. Der Legende nach stand Hus genau dort, als er sein Todesurteil vernahm. Seitdem soll die Stelle merkwürdig verdunkelt sein. Manche glauben, dass die Form dieses Flecks an eine Kralle des Teufels erinnere, sie sei ein Zeichen des Leibhaftigen. Natürlich war schnell eine Erklärung zur Hand: Mit dem Ketzer Hus, dem Verbreiter von Irrlehren, habe der Teufel Zutritt zur Kirche erlangt. Nur so konnte der Fürst der Finsternis in das Gotteshaus kommen, da er auf geweihten Kirchenboden eigentlich keine seiner Hufe setzen konnte. Dies unterstrich noch die Niederträchtigkeit des Böhmen, denn nur so war es dem Höllenfürsten möglich, die Kralle als sein Zeichen zu hinterlassen. Der Teufel in einer Bischofskirche – eine schauderhafte Vorstellung für jeden braven Christen jener Tage.

Die Anhänger des böhmischen Reformators hatten natürlich eine andere Erklärung zur Hand. Es sei keineswegs eine Teufelskralle zu sehen, sondern das genaue Gegenteil, ein Zeichen Gottes, der damit auf die frevelhafte Mordtat an seinem treuen Diener Jan Hus hinweisen wollte. Der Teufel sei zwar in der Kirche gewesen, aber nicht im Schlepptau des Verurteilten. Vielmehr sei er in Gestalt der anwesenden hohen Geistlichkeit erschienen, sozusagen versteckt unter bzw. in den Gewändern der Bischöfe und Kardinäle. So blieb es nicht aus, dass zahlreiche hussitische Tschechen nach Konstanz kamen – und immer noch kommen – um an der besagten Stelle für Jan Hus zu Gott zu beten. Stark zugenommen hat dieser „Pilgerstrom" seit dem Fall des Eisernen Vorhangs Ende der 1980er Jahre.

So ist es nur eine Frage des persönlichen religiösen Standpunkts, wo vor 600 Jahren in der Bischofskirche der Teufel stand und wo sich die Gottesfürchtigen befanden. Doch in einem sind sich beide Seiten einig: Damals war der Leibhaftige im Münster und er beeinflusste den Lauf der Dinge.

Doch was hat es nun mit dem Fleck auf dem Kirchboden auf sich? Ist es ein Gotteszeichen oder ein Mal Satans? Heute bevorzugen die meisten Zeitgenossen eine etwas nüchternere, naturwissenschaftliche Erklärung für die Teufelskralle. Da das Münster nicht unterkellert ist, sammelt sich nach einem starken Regen das Wasser an bestimmten Stellen, unter anderen auch bei besagter Bodenplatte. Man sieht also nichts anderes als Wasserflecken. Geradezu ironische Züge nimmt die ganze Geschichte an, wenn man bedenkt, dass der Stein mit der Kralle gleichzeitig die Grabplatte des Weihbischofs Miller darstellt, eines Mannes, der nicht im Verdacht steht, mit den Mächten der Finsternis paktiert zu haben.

Als nächstes wollen wir uns wieder auf die dunkle Seite des Konzils begeben …

## DIE NEUNJÄHRIGE HÜBSCHLERIN

**Die dunkle Seite des bunten Treibens rund ums Konzil**

Als das Konzil in Konstanz tagte, blieb es nicht aus, dass auch das Geschäft mit der käuflichen Liebe aufblühte. Als all die Konzilsteilnehmer bzw. Besucher und deren Gefolge nach Konstanz kamen, strömten auch die Damen des „horizontalen Gewerbes“ in nicht geringer Zahl in die Stadt am See. Wie bereits in der Sage von den Konzilskindern geschildert, zählte der Chronist Ulrich von Richental 700 dieser „Hübschlerinnen“, wobei er ausdrücklich erwähnte, dass die Zahl der Liebesdienerinnen in Wirklichkeit noch höher gewesen sei. Die sogenannten „Heimlichen“ habe er nicht gezählt. Das waren Frauen, meist jüngere Töchter aus Konstanzer Familien, die sich durch entsprechende Serviceangebote nebenbei etwas dazu verdienten. Wenn Richental diese Damen ebenfalls gezählt und gar namentlich genannt hätte, wäre großer Ärger mit den Familien unvermeidbar gewesen. Denn die Töchter aus oftmals angesehenen Familien strebten keineswegs ein Leben als Hübschlerin an. Während der Konzilszeit, die in vielerlei Hinsicht eine ganz besondere Ausnahmezeit war, wollte man das Haushaltsgeld etwas aufbessern. Eine standesgemäße Heirat zu einem späteren Zeitpunkt blieb weiterhin das Ziel dieser Frauen und ihres sozialen Umfeldes. Richental hätte den Ärger seines Lebens bekommen, wenn er die Zukunftspläne dieser Frauen durch entsprechende Nennungen in seiner Chronik gefährdet hätte.
Die Stadt Konstanz glich also zeitweise mehr einem „Sündenbabel“ als einem frommen Versammlungsort der Kirche – sie war immerhin voll von Prostituierten, die sich gerne am Fenster lasziv räkelten und den vorbeiglotzenden Männern die Reize ihrer schönen Körper darboten. Jetzt behauptet niemand, dass alle diese hohen Herren jene Damen mit den besonderen Dienstleistungen besucht hätten – wenn sie sich dem aber alle verschlossen hätten, wären nicht so viele Hübschlerinnen vier Jahre lang in der Stadt gewesen.
Jetzt mag man meinen, dass bei diesem ganzen „bunten Treiben“ vor allem die Liebesdienerinnen oder auch die Stadt als Bordellbetreiberin sehr gut verdient hätten. Dabei vergisst man aber allzu leicht eine Berufsgruppe, die ebenfalls zu den Nutznießern dieses sündigen Geschäfts gehörte – die Apotheker. Zwar gab es damals noch kein AIDS oder die Syphilis, aber Geschlechtskrankheiten waren den Menschen des Mittelalters mitnichten fremd. Meist waren es relativ harmlose Beschwerden, verursacht durch Intimläuse, in den zeitgenössischen Quellen auch gerne „Liebeskäfer“ genannt. Gegen dieses Jucken boten die Apotheken der

Stadt, die bekanntesten waren die Tiergartenapotheke gegenüber der Stephanskirche und die Malhausapotheke am Obermarkt, allerlei Kügelchen, Pillen und Pülverchen. Ob diese Mittel den Juckreiz wirklich nahmen, ist nicht bekannt – verkauft wurden sie auf jeden Fall.
Jedoch hatte das Geschäft mit der Prostitution auch wirklich dunkle Seiten. Es ist eine Sache, wenn eine erwachsene Frau sich – mehr oder weniger freiwillig – dazu entschließt, als Hübschlerin zu arbeiten, aber bei Kindern hört im wahrsten Sinne des Wortes der Spaß auf. Leider ist Kinderprostitution zeitlos, es gab sie schon immer und wird sie wohl leider auch immer geben. So tauchte eines Tages während des Konzils in Konstanz ein Ehepaar aus Basel auf, das heimlich versuchte, seine neunjährige Tochter als Prostituierte anzubieten, wohl wissend, dass es auch für solche abscheulichen Neigungen Interessenten gibt. Zum Glück stellte sich dieses Ehepaar nicht sehr geschickt an, so dass dieses abscheuliche Handeln schnell bekannt wurde. Die Stadtoberen schritten sofort ein, denn Pädophilie war auch damals ein Verbrechen, das mit dem Tod bestraft werden konnte. Jedoch wollte man dem Kind nicht die Eltern nehmen und sich damit eine Waise aufhalsen, so dass es die Stadt dabei beließ, alle drei der Stadt zu verweisen. Das war alles, darüber hinaus geschah den Eltern nichts und auch die Tochter wurde ihnen nicht weggenommen. Was aus dieser Basler Familie wurde – vor allem, was aus dem kleinen Mädchen wurde – ist leider nicht bekannt. Wollen wir es uns besser auch nicht vorstellen oder gar ausmalen – man kann Schlimmstes befürchten, dass in der nächsten Stadt die Eltern mit dem Verkaufen ihrer Tochter vielleicht Erfolg hatten.
Dies war eine wahrhaft dunkle Seite des Konzils!

Als nächstes wird es etwas tierischer. Erfahrt nun, wie aus einer Gans ein Schwan wurde ...

# DAS GÄNSCHEN HUS

**Wie aus einer gebratenen Gans ein Schwan wurde**

Jan Hus, der berühmt-berüchtigte böhmische Reformator, hat unauslöschlich seine Spuren in der Geschichte hinterlassen. Als Schüler des englischen Gelehrten John Wyclif popularisierte er dessen kritische Ideen zum Zustand der Kirche im Spätmittelalter, was ihn zur Zielscheibe der Kurie werden ließ. Wie bereits in der Legende über den „errötenden König" geschildert, kam er mit einem von König Sigismund ausgestellten Brief, der ihm freies Geleit zusicherte, in der Konzilsstadt an. Drei Wochen nach seiner Ankunft wurde er verhaftet. Anfangs hatte man ihn in der Wohnung eines Domherrn inhaftiert, er stand erst einmal nur unter Arrest.

Hus ahnte, dass man ihn nicht einfach wieder freilassen würde. Er hoffte nun auf Unterstützung durch Freunde und Sympathisanten aus seiner böhmischen Heimat. So schrieb er einen Brief an seine Anhänger in Tschechien und bat um Hilfe. In diesem Schreiben betrieb er ein kleines Wortspiel mit seinem Nachnamen: Das tschechische Wort „Hus" bedeutet nichts anderes als „Gans". In seinem Brief stand nun folgender Satz: „Wenn ihr das arme Gänschen lieb habt, dann sorget dafür, dass es bald aus der Haft kommt und nicht gebraten wird!" Wie es schien, hatte er seinen Humor noch nicht eingebüßt, doch das sollte noch kommen.

Man verlegte ihn: In unmenschlicher Weise wurde er direkt unterhalb der Latrinen des Dominikanerklosters auf der Konstanzer Seeinsel eingekerkert. Sein Gesundheitszustand verschlechterte sich dramatisch, es bestand die berechtigte Sorge, dass er den Beginn seines Gerichtsprozesses nicht mehr erleben würde. Daraufhin verlegte man ihn erneut in ein etwas komfortableres Gefängnis in Gottlieben, denn er sollte abgeurteilt auf dem Scheiterhaufen und nicht in seiner Zelle sterben – oder widerrufen. Dazu kam es nicht, er weigerte sich, seine Thesen zu verwerfen und nahm damit seinen Tod billigend in Kauf. Wenn er eingelenkt hätte, wäre er zu lebenslanger Gefängnishaft begnadigt – und vielleicht irgendwann später mal begnadigt und freigelassen worden. Er aber suchte den Weg des Märtyrers.

So kam es, wie es kommen musste. Am 6. Juli des Jahres 1415 wurde er zum Richtplatz geführt. Zuvor hatte man ihn entsprechend degradiert: Zwei Bischöfe zogen Hus sein geistliches Gewand aus, damit wurde er, ein geweihter Priester, aus dem Stand der Geistlichkeit für alle sichtbar ausgestoßen. Erst danach wurde er der weltlichen Macht in Gestalt Sigismunds übergeben, die für seine Hinrichtung zuständig war. Die Kirche

*Verbrennung des Jan Hus*

selbst dürfte niemanden töten, sie „dürstet nicht nach Blut", wie es in einem frühchristlichen Lehrsatz heißt. Es wurde dem Böhmen ein hoher, lächerlich aussehender Papierhut aufgesetzt, auf dem drei Teufel abgebildet waren, die eine Seele in Stücke rissen. Das war die übliche Strafe für einen sogenannten Ketzer, einen Vertreter von Irrlehren.

Der Konstanzer Vogt Hans Hagen führte den Abgeurteilten nun vor die Tore der Stadt zur Richtstätte am Brühl. Auf dem Weg dorthin passierte der Verurteilte eine Stelle, an der demonstrativ seine Bücher verbrannt wurden, eine zusätzliche Demütigung kurz vor seinem Tod. Am Ort seiner Verbrennung angekommen, wurde Hus an einen Pfahl gebunden und erwartete den Tod. Ein letztes Mal wurde ihm die Möglichkeit gegeben zu widerrufen und sein Leben zu retten, doch der Böhme war bereit zu sterben. Das Feuer fraß seinen Körper auf, grausam verging er in den Flammen, doch das war noch nicht genug. Um an ihn jede Erinnerung, die seinen Ideen einen neuen Nährboden bereiten könnte, auszulöschen, wurden seine übriggebliebenen Knochen zu Staub zerrieben. Seine letzten Überreste, die Asche, wurde in den Rhein gestreut. Hus musste absolut aus der Geschichte getilgt werden.

Doch kurz vor seinem Tod sprach er noch seine berühmten letzten Worte, die in die Zukunft, auf einen anderen Mann verwiesen, der den Lauf der Geschichte bis in unsere Zeit beeinflusste. Den schaulustigen Menschen, die sich versammelt hatten um ihn brennen zu sehen, rief er im Angesicht des Todes – wieder auf die Bedeutung seines Namens verweisend – die prophetischen Worte zu: „Heute bratet ihr eine Gans, in über hundert Jahren aber wird ein Schwan kommen, den ihr nicht werdet töten können!" Spätere Generationen glaubten darin einen Hinweis auf Martin Luther zu erkennen, der gut 100 Jahre nach Jan Hus als Reformator mit ähnlichen Vorstellungen die Einheit der abendländischen Kirche sowohl ungewollt, als auch endgültig erschüttern und zerstören sollte. Ob Hus nun auf den berühmten Mönch aus Wittenberg verweisen wollte oder etwas anderes ausdrücken wollte, auf jeden Fall wurde der Schwan zum Symbol von Martin Luther. Aus einer Gans wurde ein Schwan, doch diese Geschichte wollen wir ein andermal erzählen.

Vom Gänschen Hus zum päpstlichen Fuchs ...

*Papststurz am Arlberg*

# DER FLUCHENDE GEGENPAPST

## Wie Papst Johannes XXIII. über die Alpen kam

### Blut ist dicker als Wasser

Baldassare Cossa wurde um 1370 in Neapel als Sohn des Grafen von Troia geboren. Seine Karriere begann vielversprechend als Offizier. Mit 19 Jahren wurde er dazu von Papst Bonifatius IX. (1350–1404) an die römische Kurie berufen, wo er mit Militär- und Verwaltungsaufgaben betraut wurde. Gelegentlich organisierte er auch den Kauf- oder Verkauf von Pfründen, Sakramenten, Reliquien und anderem.

Da Bonifatius IX. gleichfalls aus Neapel stammt, wird gerne behauptet, er sei mit Baldassare Cossa verwandt gewesen – gekannt haben sich ihre Familien jedenfalls bestimmt. Es schien ihm geboten einen Vertrauten um sich zu haben, so dass er ihn erst zum Kämmerer und ab 1402 als Laie zum Kardinal und später sogar zum Vikar machte. Er wurde nach Bologna entsandt um als hervorragender Sachbearbeiter die Interessen des Papstes dort zu wahren.

### Wie wird man Gegenpapst?

Die Verhältnisse waren kompliziert, da es seit geraumer Zeit in Avignon einen Gegenpapst zu dem in Rom gab. Nach dem Tode Bonifatius IX. überwarfen sich die feindlichen Lager derart, dass schließlich auf Drängen von Baldassare Cossa ein Konzil in Pisa ergebnislos endete und daraufhin in Bologna ein dritter Papst gewählt wurde. Man sagte damals: „aus der verruchten Zweiheit wurde eine von allen verfluchte Dreiheit“. Zum Nachfolger wurde Baldassare Cossa im Jahre 1410 gewählt. Um das Amt antreten zu können, musste er rasch die Priesterweihe erhalten. Am Morgen darauf erhielt er das höchste Weihsakrament und wurde damit zum Bischof, um am Spätnachmittag des gleichen Tages dann zum Papst gekrönt zu werden. Eine rasche Karriere vom Laien zum Papst.

Er nahm fortan den Namen Johannes XXIII. an. Ein Name, der mit zwei Kirchenkonzilen in Verbindung gebracht wird, die ein halbes Jahrtausend auseinander liegen, doch davon an einer anderen Stelle mehr.

### Ging er über Leichen?

In einigen Quellen ist zu lesen, dass Johannes XXIII. seinen Vorgänger ermordet habe, um an sein Amt zu gelangen. Diese Legende wurde ihm jedoch erst nach seiner Absetzung angedichtet. Daher entspricht es vermutlich nicht den Tatsachen. Zunächst blieb der Papst in Bologna, wechselte dann nach Rom, um später seinen Sitz in die lombardische

Stadt Lodi, die seit 1986 mit Konstanz eine Städtepartnerschaft hat, zu verlegen. König Sigismund zwang Johannes XXIII. bei einem Besuch in Lodi 1413 zur Einberufung eines Konzils in Konstanz, um die Papstfrage, die Kirchenspaltung und die Vormachtstellung im Reich zu klären.

## Reise von Lodi nach Konstanz

Der Sommer im Jahr 1414 war schon fast vorbei, als Johannes XXIII. schweren Herzens nach Konstanz aufbrach. Es war ungewiss, was ihn dort erwartete – jedenfalls standen ihm große Debatten über die Zukunft der Kirche bevor. Wie schwierig der Weg dorthin war, wurde bereits als Omen angesehen.
Heute sind die Alpen mit Flugzeug, Bahn oder Auto in wenigen Stunden überquert. Doch im Mittelalter konnte der Weg zu einer lebensgefährlichen Aufgabe werden. Es begann mit der Wahl der richtigen Jahreszeit. Ein Wintereinbruch musste unbedingt vermieden werden. Auf den Höhen der Pässe kann Schnee in kurzer Zeit in solchen Mengen auftreten, dass auch erfahrene Führer keinen gangbaren Weg mehr finden können.

## In Teufels Namen

Bei der Wahl des Verkehrsmittels hatte man auch keine große Auswahl. Die meisten Leute sind die engen Wege zu Fuß gegangen. Für das Gepäck führte man Lasttiere wie Esel oder Pferde mit. Nur sehr hoch gestellte Persönlichkeiten hatten den Luxus, sich in einen Wagen setzen zu dürfen. Dies tat Johannes XXIII. Die Kutschen von damals hatten jedoch keinen Komfort. Die schlechten Straßen und mit Eisen beschlagene Räder übten einen bewegten Kampf gegeneinander aus. Da halfen die dicksten Polster und Kissen in den mit Samt verkleideten Kutschen nur wenig. Zumal nicht vergessen werden darf, dass die Straßen jener Zeit uralt waren. Meist handelte es sich um die alten Wege der Römer.
Papst Johannes XXIII. ritt wohl zu Anfang des Winters 1414, von Herzog Friedrich mit der leeren Tasche als General-Kapitän der Kirche begleitet, auf seinem Paradepferd dem Arlberg zu und fuhr von dort im Wagen zu Tal.
Am Arlbergpass in der Nähe des Dorfes Klösterle ist es dann geschehen. Der Wagen des Heiligen Vaters stürzte um. Eine größere Verletzung ist nicht überliefert. Doch soll der Papst hilflos in seiner Kutsche gelegen haben. Dabei entfuhr ihm ein etwas unheiliger Ausdruck, der für einen Gottesdiener nicht angemessen scheint: „Hic jaceo in nomine diaboli!" zu deutsch „Hier liege ich in Teufels Namen!"
Mit „in Gottes Namen" ist gemeint, dass man im Sinne Gottes handelt. Der Fluch „in Teufels Namen" ist die Parallelbildung hierzu, wie mit „in drei Teufels Namen" auch die Gegenphrase zu den heiligen Namen der Dreifaltigkeit gemeint ist. An dieser Stelle wurde Johannes XXIII. viel-

leicht klar, dass die Mission, in der er unterwegs war, für ihn nicht im besten Sinne enden sollte.
Mit seiner Redewendung machte er sich jedenfalls unsterblich und wird bis heute mit diesem Ausdruck in Verbindung gebracht. Ob die Stadionzeitschrift des 1. FC Kaiserslautern wohl deshalb „in Teufels Namen" getauft wurde?

## So fängt man Füchse

Nachdem der Wagen des Papstes wieder aufgerichtet war, wurde das Fahrzeug nach Beschädigungen abgesucht. Als man nichts gefunden hatte, ging die Fahrt wie begonnen weiter. Johannes XXIII. ließ den Tross nun regelmäßig anhalten, um den Verlauf der Bergstraßen zu beobachten. Angesichts der unwegsamen Serpentinen wurde ihm um sein weiteres Schicksal bange.
Eine Chronik berichtet: „Da er nun wider auff kame vnnd vber das Klösterlein herab kame", und man ihm ungefähr die Lage der für ihn so verhängnisvollen Stadt Konstanz angeben konnte, „sprach er in Latein: ‚Sic capiuntur vulpes' und kam desselben tags gen Feldkirch vnd morgen gen Rheineck, darnach gen Costentz."
„So fängt man Füchse" war das, was der Papst in bestem Latein von sich gab. Den Fuchs hält man für ein schlaues, aber auch hinterlistiges Tier. Der Papst wollte vielleicht auf seine eigenen Interessen anspielen, die sich nun gegen ihn stellten. Einen Fuchs zu fangen bedeutet schlauer als der Schlaue zu sein. Er glaubte in einer Falle zu stecken. Im Ersten Weltkrieg meinte man mit einem Fuchs ein Himmelfahrtskommando. Einen besonders riskanten Auftrag, dessen Ausführung mit hoher Wahrscheinlichkeit zum ungewollten Tod führen wird. Ob hierfür der Ausspruch Johannes XXIII. Pate stand?

Für noch eine Geschichte bleiben wir mit dem Papst in den Alpen ...

*Johannes XXIII.*

# DER PAPST IM MONTAFON

## Welche Route nahm Johannes XXIII. über die Alpen?

### Fahrt durch das Montafon

Im 15. Jahrhundert war das Montafon nicht für die Durchreise geeignet. Trotzdem lassen zahlreiche Quellen in Vorarlberg die Deutung zu, dass Johannes XXIII. auf seiner Reise zum Konzil in Konstanz durch eben dieses Tal zog.

Die Quellen lügen nicht. Jedoch ist es nicht so, dass der Papst eine Ausfahrt entlang des oberen Illtales machte. Vielmehr verhält es sich so, dass in früherer Zeit der Name Montafon das ganze walgauische Hinterland bezeichnete, also auch das Klostertal, das vom Arlberg herunter in Richtung Bodensee führt. Er fuhr somit durch das damals so genannte Montafon. Später hat sich der Name nur für das obere Illtal übertragen und lediglich für dieses Gebiet hat sich der Name Montafon bis heute erhalten.

Durch die Verknüpfung des Namens Montafon mit dem Silberbergbau erklärt sich, dass das 1391 erwähnte Schloss Montafon nicht in dem heute so genannten Gebiet gesucht werden darf, sondern bei Dalaas lag, wo jetzt der Flurname Gastl, von lat. „castrum“ für Kastell oder Burg, eine ehemalige Befestigung verrät. Ebenso ist nun verständlich, dass Papst Johannes XXIII. zum Konzil in Konstanz 1414 angeblich durch das Montafon gekommen sei. Er reiste über den Arlberg ins Klostertal, an dem damaligen Schloss Montafon bei Dalaas vorüber an den Bodensee.

### Das Montafoner Wappen

Nach einer Vorarlberger Sage war es an einem Mittwoch des Jahres 1414, als Papst Johannes XXIII. über das Zeinisjoch aus Tirol in das Tal Montafon kam, um von dort seine Reise nach Konstanz zur allgemeinen Kirchenversammlung fortzusetzen. Er wollte der Pest entfliehen und hat sich daher mit einer Sänfte vom Klostertal über den Kristberg ins Montafon tragen lassen. Der Heilige Vater wurde von den Talbewohnern mit allen seiner hohen Stellung gebührenden Ehren aufgenommen. Der Papst verlieh als Dank, hocherfreut über den festlichen Empfang, der Landschaft ein Wappen, das die zwei kreuzweise gelegten Schlüssel des Apostelfürsten Petrus zeigt.

Das Montafoner Wappen trägt tatsächlich zwei schwarze gekreuzte Schlüssel auf silbernem Schild. Dieses Motiv wurde im Appenzellerkrieg 1405–1408 gewählt, um sich als eigenes Land zu etablieren. Die Petrusschlüssel wurden dem Wappen des Hof St. Peter bei Bludenz entnommen. Um die Bedeutung des Montafon bei den Vorarlberger Ständen zu betonen, hat man die dreifache Papstkrone eigenmächtig hinzugefügt. Nachdem hohe katholische Geistliche mit Montafoner Wurzeln sich dafür eingesetzt haben, hat schließlich Papst Innozenz XII. im Jahre 1700 den Bewohnern offiziell die Führung des Wappens erlaubt.

Die Montafoner Glocken

Seit dem 6. Jahrhundert wird in der Christenheit die Glocke zu bestimmten Anlässen verwendet. Durch eine Läuteordnung wird genau geregelt, zu welchem Anlass welche Glocke erklingen darf. So werden bis heute mit dem Glockenspiel die Christen zum Kirchgang gerufen. Mit dem Stundenschlag wurde vor der Verbreitung von Uhren den Menschen ein gewisses Verständnis für die Zeit vermittelt. Mit dem Wetterläuten wurden Gewitterwolken, aber auch Geister und Dämonen fern gehalten. Nachrichten wurden mit Hilfe der Totenglocke oder dem Feuergeläut übermittelt.
Im Andenken an den Besuch des Kirchenfürsten an einem Mittwoch des Jahres 1414 erhielt sich im Montafon der Brauch, dass in den an der Straße gelegenen Kirchen jeden Mittwoch mit allen Glocken zu Mittag geläutet wird. So erzählt die im Montafon allgemein verbreitete Sage bis heute.

Doch nun verlassen wir das Glockengeläut und wenden uns anderem bunten Treiben zu ...

## ROSENMONTAG

**Wie die Papstrose dem Fasnachtsmontag einen neuen Namen gab**

Die Konstanzer sind für ihre Fasnachtstradition weithin bekannt. Bereits im Mittelalter wurde kräftig gefeiert. Während heute die großen Umzüge am Fasnachtsdonnerstag, dem „Schmutzige“, und Fasnachtssonntag durch die Stadt toben, findet dies in vielen Regionen bis heute am sogenannten „Rosenmontag“ statt.

Besonders im katholischen Rheinland bleibt an diesem Tag kein Auge trocken. Daher geht der Sprachwissenschaftler davon aus, dass sich der Name aus dem niederrheinischen Rasen(d)montag entwickelt hat. Bis heute wird in Köln das Verb „rose“ gebraucht im Sinne „toben, tollen, ausgelassen sein“. Mit dem Rosenmontag wird somit ein wilder oder toller Montag gemeint.

Eine Herleitung über die Blume scheint vielen heute eher unwahrscheinlich. Doch ist auch diese Bedeutung sicher ein Grund, dass sich der Name für den Fasnachtsmontag durchgesetzt hat. Die Rose galt als Symbol für Maria, aber auch für Jesus. In dem Lied „Es ist ein Ros‘ entsprungen“ wird mit der Rose die jungfräuliche Geburt Jesu Christi auf Erden beschrieben.

Als Vertreter Jesu auf Erden verleiht der Papst seit dem 11. Jahrhundert die „Goldene Rose“. Sie wird gelegentlich auch als „Papstrose“ oder „Tugendrose“ bezeichnet. Die Blüte steht hier als Christussymbol, die goldene Farbe für die Auferstehung und die Dornen für seinen Leidensweg. Die Goldene Rose ist ein aus Silber geschmiedeter Blumenstrauß, der vergoldet ist. Er wird aus sechs Zweigen geformt, die jeweils mit einer Rosenblüte enden. Eine wohlriechende Essenz aus Moschus und fein dosierten Pflanzenaromen verleihen dem Blütenstrauß eine besondere Duftnote.

Die Tugendrose wird einer Person oder einer Institution überreicht, die sich besonders für die Belange der Kirche verdient gemacht hat.

Als Europa in Konstanz zu Gast war, wurde König Sigismund gleich zweimal die Ehre zuteil, die Goldene Rose als Ehrenzeichen überreicht zu bekommen. Dies war im Jahre 1415 durch den Gegenpapst Johannes XXIII. und 1418 durch den neugewählten Papst Martin V. Da er beim zweiten Termin gesundheitlich angeschlagen war, berief der Papst eine Prozession ein, die das Domizil des Kaisers zum Ziel hatte. Dort wurde die Goldene Rose feierlich überreicht.

Da bei dieser Prozession die Fanfaren erklangen, berufen sich die Fanfarenzüge in Konstanz bis heute auf dieses Ereignis.

*Schenkung der Papstrose*

*König Sigismund mit Papstrose*

*Würdigung der Papstrose*

Der Tag, an dem die Goldene Rose vom Papst überreicht wird, war traditionell der vierte Fastensonntag drei Wochen vor Ostern, auch „Laetare“ für lat. „freue dich“, oder schlicht Rosensonntag genannt. Dieser Tag steht für das Mittfasten und hat einen fröhlichen, tröstlichen Charakter. Das Messgewand des Priesters wird an diesem Tag von dem Violett der Fastenzeit in ein Rosa aufgehellt, sodass das Weiß des Ostersonntags schon leicht hindurch blickt.
Das Gremium, das die Feierlichkeiten des Ostersonntags organisierte, soll sich immer zwei Tage vor Aschermittwoch versammelt haben, so dass dieser Tag den Namen Rosenmontag, in Anlehnung an den Rosensonntag, erhalten hat. Alsbald hieß das festordnende Komitee „Rosenmontags-Gesellschaft“. Heute würde man sich unter dieser Bezeichnung eher eine Narrengruppierung vorstellen und kein kirchliches Gremium. So kam es, dass sich in unseren Breiten neben dem Fasnachtsmontag aufgrund der Tugendrosenverleihung während des Konzils in Konstanz der Name Rosenmontag eingebürgerte.

Wir bleiben beim Thema und fragen uns, wo die letzte Fasnacht der Welt gefeiert wird ...

# DIE LETZTE FASNACHT DER WELT

## Wie ein Fisch die Fastenzeit bricht

Im Jahre 1415 befand sich der Gegenpapst Johannes XXIII. auf der Flucht, nach dem er erfahren hatte, dass man auf dem von ihm berufenen Konzil zu Konstanz gegen ihn eine Klageschrift vorbereitete, mit dem Ziel ihn zur Abdankung zu zwingen. Er zog als Botenreiter verkleidet linksrheinisch über die Schweiz gen Westen. Seinen ersten Halt machte er der Legende nach in Ermatingen, im schweizerischen Kanton Thurgau, einem Fischerdorf am südlichen Ufer des unteren Bodensees. Die Leute dort sind für ihre Gastfreundschaft bekannt. Doch einen so hohen Gast konnte man nicht irgendwo unterbringen. So bot sich der Pfarrer, in manchen Quellen Pfarrer Loffar genannt, an, sein Pfarrhaus mit dem Würdenträger zu teilen. Sicher war ihm nicht bewusst, welch weitreichende Folge es haben sollte, was er an diesem Abend zu Tische servierte.

Die Groppe ist ein kleiner Raubfisch, der sich am Boden von Flüssen oder Seen am wohlsten fühlt. Er hört auch auf die Namen Koppe, Rotz- oder Kaulkopf. Sein Vorkommen ist ein Zeichen bester Wasserqualität, die vor Ermatingen im Untersee durch den hindurch fließenden Rhein offensichtlich gewährleistet ist. Lebend kann man den nachtaktiven Grundfisch nur selten in freier Wildbahn sehen. Als Zuchtfisch ist die bis 15 cm große Groppe verboten, da sie zu den gefährdeten Tierarten zählt. Nur im SeaLife, dem Großaquarium in Konstanz, könnte man Glück haben und ein Exemplar sehen.

Im Frühjahr ist die beste Zeit um mit großen Schleppnetzen die am Boden lebenden Groppen zu fischen. Meist sind die Netze so voll, dass in Ermatingen ein rauschendes Fest gefeiert werden kann. Es können bis zu 20.000 Fische auf einen Zug gefangen werden. Die Fische werden lebend gehalten, bis sie in großen Mengen frisch zubereitet verspeist werden können.

Da nun gerade zu dieser Jahreszeit anno 1415 Johannes XXIII. durchreiste, war klar, was er als Fastenspeise angeboten bekommt: Groppen. Der Gegenpapst war von der Gastfreundlichkeit so überwältigt, dass er an diesem Abend den Ermatingern ein ganz besonderes Privileg einräumte: Sie durften fortan am dritten Sonntag vor Ostern „die letzte Fasnacht der Welt" zu Ehren der Groppe feiern. Dieser Sonntag wird „Laetare" genannt. Dies ist lateinisch und bedeutet „freue dich".

Einige Chronisten wissen, dass zwei Jahre später am gleichen Datum Martin V., der neugewählte Papst des Konstanzer Konzils, zum Dank seiner Krönung nach Schaffhausen fuhr. Unterwegs las er in Ermatingen eine Messe. Er gestattete den Fischern des Dorfes einen Freudensonntag in der Fastenzeit.

Der Konstanzer Bischof Hugo von Hochlandenberg (1457–1532) soll auf einer Schifffahrt im Untersee in schwere Not geraten sein. Die Geistlichkeit auf dem Boot rief alle Heiligen und legte so manchen Schwur ab. In der Bucht von Ermatingen kam das Schiff in ruhigere Gewässer und man freute sich über die geglückte Rettung. Den Dorfbewohnern soll er zum Dank den besonderen Freudentag während der Fastenzeit weiterhin zugestanden haben. Einer Legende zufolge soll die Groppenfasnacht durch dieses Ereignis erst begründet worden sein.

Die „Groppenfasnacht“, ein Fischer- und Frühlingsfest mit Fasnachtsumzug, ist ein Brauch, der sich seit der Konzilszeit erhalten haben soll. Große Umzüge sind bereits seit dem ausgehenden 19. Jahrhundert überliefert. Sie wurden in unregelmäßigen Abständen wiederholt. Ab 1947 finden große Umzüge regelmäßig alle drei Jahre, zuletzt am 10. März 2013 mit etwa 40 Gruppen und über 1.500 Umzugsteilnehmern, statt. Am Straßenrand kamen zehntausende Besucher, um das Spektakel zu erleben.

Vermutlich ist die Groppenfasnacht weder durch den Papst noch durch den Bischof ins Leben gerufen worden. Das Fest ist so alt wie die Groppenfischerei. Im Winter wurde die Fischerei stark eingeschränkt, da der niedrige See vor Ermatingen häufig zufror. Da mit dem ersten großen Fang im Jahr so viele Fische auf einmal dem See entrissen wurden, konnten die Menschen nicht anders, als dies mit einem großen Fest zu feiern. Es war das Ende des Winters und der erste große Fang der neuen Saison. Die volkskundliche Literatur bezeichnet die Groppenfasnacht daher als „altgermanisches Frühlingsfest“, mit dem der Winter ausgetrieben wurde.

Der nächste Termin ist genau 600 Jahre nach dem Besuch Johannes XXIII. und sogleich ist das Groppenkomitee 111 Jahre alt, ein wahrlich närrisches Alter. Sehen wir uns am „Laetare“-Sonntag, den 15. März 2015, zur Groppenfasnacht in Ermatingen, zur „letzten Fasnacht der Welt“?

Der ursprüngliche Termin für die Fasnacht war sieben Wochen vor Ostern. Die Zeit zwischen Fasnacht und Ostern ist die Fastenzeit. Sie dauert 40 Tage, da Jesus 40 Tage gefastet haben soll. Auf der Synode von Benevent (Benevento, Italien) wurde 1091 beschlossen, dass an den Sonntagen vor Ostern nicht gefastet wird. Daher musste die Fastenzeit um eine Woche verlängert werden, damit die 40 Tage wieder voll sind. Dadurch hat sich der Fasnachtstermin um eine Woche vorverlegt und so kennen wir ihn noch heute. Die Zeit vor Aschermittwoch wird auch „Herrenfastnacht“ genannt. In einigen Regionen rund um den Bodensee, etwa in Vorarlberg, der Schweiz und in wenigen Orten Südwestdeutschlands, hat sich der alte Termin, also eine Woche später und somit bereits zu Beginn der Fastenzeit erhalten. Es ist die sogenannte „Buurenfasnacht“, da sie auf altem bäuerlichem Brauchtum beruht und findet nach Aschermittwoch statt. Im schwäbisch-alemannischen Raum vom Elsass bis nach Südtirol sind noch einzelne Riten am „alten“ Termin erhalten, wie etwa das Scheiben- oder Funkenschlagen. Gerüchten zufolge soll die Buurenfasnacht von der Umstellung vom Julianischen zum Gregorianischen Kalender Ende des 16. Jahrhunderts herrühren. Das ist jedoch falsch. Die Redensart „wie die alte Fasnacht hinterdrein kommen“ wird im alemannischen gerne verwendet, wenn man hoffnungslos verspätet ist.

In der nächsten Geschichte wird es blutiger ...

# DER BLUTBALKEN

## Wie Konstanz zur Hinrichtungsstätte wurde

Das Siegel der Stadt Konstanz, das zur Beglaubigung von Urkunden verwendet wurde, zeigt ab Mitte des 13. Jahrhunderts ein Tor mit drei Türmen, wie ein Abdruck von 1246 belegt. Später wurde ein Mauerring ergänzt. 1397 wird unter dem Tor das Kreuz als Stadtwappen erstmals auf einem Sekretsiegel, der als kleines zweites Siegel die Echtheit des „großen" Siegels nochmals unterstreichen sollte, dargestellt.

Das Motiv des Kreuzes wurde dem Wappen des Fürstbischofs zu Konstanz entlehnt, der neben seiner geistlichen Tätigkeit auch als Landesherr fungierte.

Die älteste farbliche Darstellung des Konstanzer Wappens stammt aus dem Jahre 1405 und zeigt ein schwarzes Kreuz auf weißem Grund.

Während des Konstanzer Konzils weilte König Sigismund in Konstanz. Er war immer knapp bei Kasse, weswegen er lieber „Dinge" verschenkte, die ihn selbst nichts kosteten. Da kam ihm die Bitte des Konstanzer Stadtrates, künftig mit rotem Wachs siegeln zu dürfen und das Stadtwappen um ein rotes Feld zu ergänzen, gerade recht.

Freie Reichsstädte verwendeten weißes Wachs für ihr Siegel. Grün wurde von geistlichen Stiften und Klöstern verwendet. Rotes Wachs war dem Kaiser, Königen, Kardinälen vorbehalten. Mit dem Recht rotes Wachs zu verwenden, sollte die Souveränität der Stadt am Bodensee betont werden.

So verlieh Sigismund im Jahre 1417 neben dem Recht auf eigene Trompeter und rotes Wachs ein rotes Band, auch Zargel genannt, über das Stadtwappen. Es wird auch mit „Blutbalken" bezeichnet, da er die Blutgerichtsbarkeit über Petershausen symbolisiert. Fortan sollte die Stadt Konstanz die Todesstrafe verhängen und auch vollstrecken dürfen. Es sollte als Dank für die Organisation und Durchführung des Konzils dienen.

Mit dem Konzilsjubiläum jährt sich somit auch der Gebrauch des bis heute gern verwendeten Stadtwappens.

Erfahren Sie gleich, warum man auf dem Konzil Leute bei der Arbeit nicht auslachen durfte ...

*Fahnenschwinger mit der Flagge der Stadt Konstanz 1544*

# WARUM MAN PFAFFEN BEI DER ARBEIT NICHT AUSLACHEN DURFTE

**Eine frühe Sozialmaßnahme der Stadt ließ Geistliche arbeiten**

Das Konzil lockte im Laufe seiner vier Jahre Zehntausende Besucher in die Metropole am See. Nicht nur die offiziellen Konzilsteilnehmer – die hohe Geistlichkeit und die Fürsten Europas – kamen, sondern auch zahlreiche Handwerker, fahrendes Volk, Prostituierte und niedere Geistliche in der Hoffnung auf gute Geschäfte, Abenteuer oder spirituelle Erkenntnisse. Vor allem viele Priester und Mönche wollten sich dieses kirchliche Weltereignis nicht entgehen lassen. Die meisten von ihnen arm und mittellos, strandeten sie in Konstanz ohne eine feste Bleibe, ohne eine Möglichkeit, sich den eigenen Lebensunterhalt zu verdienen. Die Tore der Stadt für diese Menschen zu verschließen war weder durchführbar, noch wünschenswert. Doch was sollte man mit diesem Heer an „arbeitslosen" Klerikern machen? Wie sollten sie versorgt werden?

Der Rat von Konstanz befürchtete, dass eine große Zahl armer, unbeschäftigter Männer – auch wenn es Kirchendiener waren – Unruhen verursachen könnten. Die Aufrechterhaltung der Ordnung war aber die wichtigste Aufgabe der Stadt. Nur so war ein Gelingen des Konzils möglich, wovon wiederum der innere Frieden der gesamten Christenheit abhing. Die Stadt rief daraufhin eine der ersten „Arbeitsbeschaffungsmaßnahmen" bzw. Sozialprojekte ihrer Geschichte ins Leben: Um verarmten Geistlichen während der Dauer des Konzils die Möglichkeit zu geben, ihren Lebensunterhalt auf ehrliche Art und Weise zu erarbeiten, wurde ihnen körperliche Arbeit angeboten. Sie konnten sich bei Gartenarbeiten oder beim Ausbessern der Stadtmauer für die Gemeinschaft nützlich machen und wurden dafür bezahlt. Vor allem die Instandhaltung der städtischen Wehranlagen war eine wahre Sisyphusarbeit. An der Stadtmauer gab es immer irgendetwas zu „flicken" oder auszubessern. Da es sich um Kleriker handelte, wurden ihre Arbeitszeiten an die Zeiten der Messe angepasst, so dass sie keinen Kirchgang versäumen mussten.

Man kann sich lebhaft vorstellen, welch ein amüsantes Bild viele dieser „Arbeiter" abgegeben haben müssen. Ein „Pfaffe", der noch niemals in seinem Leben von seiner Hände Arbeit leben musste, schwang nun die Schaufel und besserte die Stadtmauer aus. So mancher von ihnen wird sich sehr ungeschickt angestellt haben. Spott und Hohn von Seiten der Bevölkerung und anderen Besuchern blieben nicht aus. Zahlreiche Geistliche wurden während ihrer Arbeit geradezu ausgelacht. Dies konnte schnell zu Eskalationen und Handgreiflichkeiten führen. Es galt, die Priester und Mönche vor Belästigungen zu schützen. Der Rat der Stadt

*Bau der Zellen zur Papstwahl*

Konstanz beschloss: Wer fortan einen arbeitenden Kirchendiener auslachte, wurde entsprechend bestraft.
Ob das Lachen deswegen vollends verstummte, kann indes angezweifelt werden. So mancher Konstanzer wird sich etwas leiser hinter vorgehaltener Hand über die arbeitenden Pfaffen amüsiert haben.
Auch wenn diese Maßnahme als eines der ersten Sozialprojekte der Konzilsstadt in die Geschichte einging, ist die folgende Sage nicht minder bedeutsam.

Als nächstes werdet ihr, geneigte Leser, etwas erfahren über einen Hofnarren, der mit Silber überschüttet wurde, mit König Sigismund das Schlafzimmer teilen durfte und gleichzeitig als Spion für seinen spanischen Auftraggeber das Konzil von Konstanz besuchte ...

## NARR UND SPION

**Der „Goldjunge" Mossen Borra – spanischer Agent und Stimmungsmacher des deutschen Königs**

Wer kennt nicht den berühmtesten Spion aller Zeiten, James Bond, britischer Geheimagent Ihrer Majestät? Auch wenn dieser nie gelebt hat und nur auf der großen Kinoleinwand die Welt rettet, ist die Spionage doch eines der ältesten Geschäfte der Menschheit. So ist die Geschichte voll von Geheim- und Doppelagenten, die mal mit mehr, mal mit weniger Erfolg den Lauf der Dinge beeinflussten. So blieb es nicht aus, dass das Konstanzer Konzil ein Stelldichein von Spionen und Informanten aus ganz Europa war. Immerhin war die Welt zu Gast in Konstanz, war nahezu jeder mächtige Fürst, sei er ein geistlicher oder weltlicher Herrscher, direkt dabei oder durch einen Gesandten vertreten. Konstanz war in jenen Jahren eine riesige Tauschbörse für (Geheim-)Wissen aller Art. Es lohnte sich, Augen und Ohren offen zu halten, denn schon damals waren die richtigen Informationen zur rechten Zeit bisweilen mehr wert als ein Sack voll Goldmünzen oder ein Trupp gut bewaffneter Soldaten.
Da es jedoch dem Wesen der Spionage eigen ist, dass sie im Verborgenen geschieht, wissen wir viele Details der Agententätigkeit rund um das Konzil nicht und werden sie wohl nie erfahren – sie bleiben im Dunkel der Geschichte für immer verborgen. Doch von einem Meisterspion, der vor 600 Jahren eine große Karriere machte, möchten wir nun an dieser Stelle berichten – von dem spanischen Hofnarren Mossen Borra.
Borras eigentlicher Dienstherr war Alfons V., der König von Aragon. Aragon war damals ein Königreich auf der iberischen Halbinsel, das 100 Jahre später in der neu geschaffenen spanischen Monarchie aufgehen sollte. Mossen Borra stammte selbst aus dieser Region. Als König Sigismund nun 1415 nach Perpignan in Frankreich kam, um mit dem Avignoneser Papst Benedikt XIII. über einen Verzicht auf den Stuhle Petri (erfolglos) zu verhandeln, lernte er Mossen Borra kennen, der am Hofe Alfons als Hofnarr angestellt war. Sigismund war von den unterhalterischen Qualitäten des Spaniers so begeistert, dass er ihn in sein Gefolge auf- und nach Konstanz mitnahm. Alfons V. hatte damit vielleicht seinen populären Hofnarren verloren, aber etwas viel Wichtigeres gewonnen: Er hatte erfolgreich einen Spion im engsten Kreis des römisch-deutschen Königs platzieren können. Borra war sozusagen der Günther Guillaume der Renaissance, wenn auch mit weniger dramatischen Folgen für ihn selbst wie für Sigismund.
Der spanische Hofnarr berichtete seinem „Heimatkönig" fortan von den Ereignissen auf dem Konzil und von den Machenschaften rund um

Sigismund. Näher an das Machtzentrum konnte man kaum gelangen. Zwar ist uns nicht im Einzelnen überliefert, was Borra in seinen Briefen nach Spanien schrieb – nur drei von ihnen sind erhalten –, aber brisant werden die Informationen manchmal schon gewesen sein.
Doch wie konnte Borra so schnell in der Gunst des deutschen Königs aufsteigen? Sigismund war bekannt dafür, dass er gute Unterhaltung schätzte und derben Scherzen durchaus zugetan war – und darin war der „Meisterspion" wohl unvergleichbar gut. Der Spanier war natürlich nicht der einzige Unterhalter im Umkreis des Königs. Rund 300 weitere Gaukler, Musiker, Sänger und Schausteller begleiteten den Herrscher an den Bodensee. Aber nur Mossen Borra gelang es, das Vertrauen des mächtigen Fürsten zu gewinnen, das Verhältnis zwischen beiden war ein besonderes. Als Vertrauter Sigismunds durfte Borra sogar mit ihm dasselbe Schlafzimmer benutzen. Man kann sich problemlos vorstellen, dass seinen aufmerksamen Augen und Ohren nur wenig entging. Zu jener Zeit war er eine der bestinformierten Personen des Konzils und mit ihm auch Alfons von Aragon.
Mossen Borra war am Puls der Zeit. 1417 wurde er z. B. Zeuge eines Mordanschlags. Herzog Heinrich von Bayern versuchte in der Katzgasse vor dem Haus der Patriziergesellschaft „Zur Katz" seinen Vetter und Konkurrenten Ludwig auszuschalten. Der Angegriffene überlebte, der Attentäter musste fliehen.
Das Vertrauen des späteren Kaisers verlor der Südländer nie, im Gegenteil: 1422 wurde er für seine „treuen" Dienste von Sigismund zum Ritter geschlagen und durfte fortan ein eigenes Wappen benutzen, was eine besondere Ehre darstellte. In einem anderen Bericht kann man nachlesen, dass der Hofnarr auch für den deutschen König als Spitzel gearbeitet hatte, wofür er einmal reich mit Gold beschenkt wurde, ein andermal wurde er von Sigismund so mit Silber überschüttet, dass er unter dem Gewicht zusammenbrach. Der Hofnarr und Agent verstand es sehr gut, sich mit den Mächtigen seiner Zeit anzufreunden. Dies gelang ihm sogar beim auf dem Konzil neugewählten Papst Martin V. Das neue Kirchenoberhaupt berücksichtigte den Spanier und seine Familie großzügig bei der Vergabe von Pfründen.
Es war eine fast beispiellose Karriere vor 600 Jahren. Mossen Borra war ein wahrer Renaissancemensch, der die Mächtigen zu seinem eigenen Nutzen fast beliebig manipulieren konnte.
Der Hofnarr aus Spanien hielt in Wirklichkeit die anderen zum Narren. Uns modernen Menschen mag das „irgendwie spanisch" vorkommen.

Doch nun zu einem typisch italienischen Gericht …

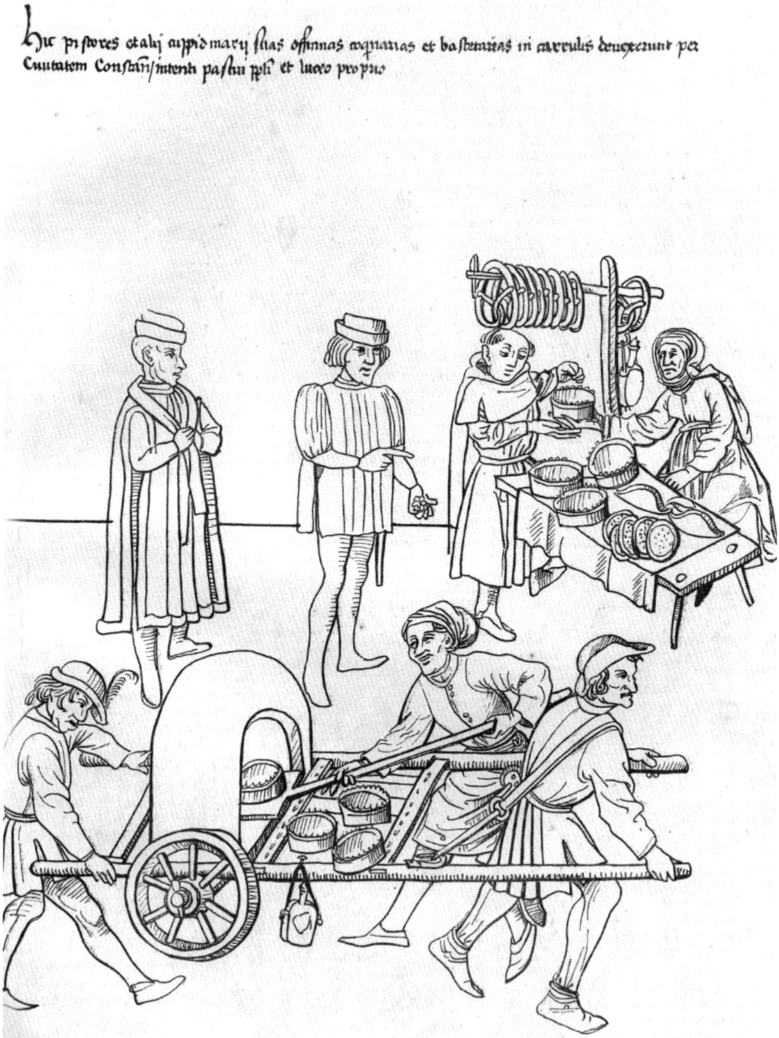

*Brezeln und Pizza werden feilgeboten*

# WIE DIE PIZZA NACH DEUTSCHLAND KAM

**Wurde die erste Pizza Deutschlands in den Gassen von Konstanz gebacken?**

Als die Welt zu Gast in Konstanz war, als die Christenheit sich am Bodensee traf, um im Rahmen des Konzils Probleme zu besprechen und Lösungen zu finden, die das gesamte Abendland betrafen, waren nicht nur die hohe Geistlichkeit und weltliche Herrschaften vor Ort. Es kam auch allerlei buntes Volk: Händler, Handwerker, niedere Geistliche wie Mönche, Priester und Nonnen, das berühmt-berüchtigte fahrende Volk, nicht zuletzt Schaulustige und Abenteurer jeder Couleur. Sie alle hofften auf gute Geschäfte oder einfach nur auf eine außergewöhnliche Lebenserfahrung, auf eine schillernde Abwechslung im grauen Alltag des Spätmittelalters, wofür das Konzil zweifellos ein geeigneter Ort war.
Mit all diesen Menschen kamen auch ihre Sprachen, Gebräuche und nicht zuletzt ihre kulinarischen Spezialitäten aus ihren Heimaltländern in Konstanz an. Für die einheimischen „Seehasen“ (so nannten und nennen sich heute noch gerne die Bewohner des Bodensees) muss das ganze Spektakel wie ein riesengroßer bunter Basar gewirkt haben. Ein wahrhaft babylonisches Sprachenwirrwarr verunsicherte und faszinierte sie ebenso wie die fremdländische Kleidung, ungewohnte Verhaltensweisen und die bisweilen exotischen Speisen.
Es wird erzählt, dass damals – wie ja auch noch in unserem modernen 21. Jahrhundert – vor allem die italienische Küche bei Konstanzern und Besuchern sehr populär war. Überall in der Stadt traf man auf fahrende italienische Bäcker mit ihren mobilen Öfen, in denen sie verschiedene Köstlichkeiten buken: Die allseits beliebten Brezeln, verschieden gefüllte Pasteten, einfache Ringbrote, aber auch überbackene Fladenbrote. Besonders das Letztgenannte wurde von den Einheimischen oft nachgefragt. Die Fladenbrote waren ein wahrer Verkaufsschlager. Sie waren mit Fisch, Singvögelbrüsten, Hühnerfleisch mit Gewürzen oder anderen Zutaten belegt und wurden im Ofen überbacken – der Phantasie der Bäcker waren keine Grenzen gesetzt. Für jeden Geschmack war etwas dabei. So war es nicht verwunderlich, dass Konstanzer Bäcker diese italienische Gaumenfreude rasch nachahmten. Fortan war sie fester Bestandteil der einheimischen Küche. Da die Italiener stets darauf achteten, dass der Teig des Fladenbrots dünn genug war, um schön knusprig zu sein, wurde diese kulinarische Neuheit von den Konstanzern einfach „Dinne“ oder „Dünne“ – in unserer Zeit „Dünnele“ – genannt. Das „Dünnele“ ist auch heute noch bei Alt und Jung sehr beliebt und wird vor allem bei allen möglichen Festen als schneller Snack „auf die Hand“ angeboten.

Dabei gab es auch die Variante, dass das Fladenbrot mit Teig einfach zugeklappt wurde – heute nennen wir das „Calzone".
Der Siegeszug des italienischen belegten Teigs begann damit aber erst. Im Laufe der nächsten Jahrhunderte eroberte diese Spezialität die ganze Welt. Dünnele wird sie auch nur im Südwesten Deutschlands genannt. Ansonsten kennt man sie auf allen Kontinenten als Pizza. Auch wenn es heutzutage gewisse Unterschiede zwischen ihr und einem Dünnele gibt, ist das Prinzip das gleiche: Ein Teig wird nach Belieben belegt und in den Ofen geschoben. Mittlerweile ist die Pizza das Lieblingsessen der deutschen Kinder und Jugendlichen – wer hätte das vor 600 Jahren gedacht? So begann für uns in Mitteleuropa der Siegeszug der Pizza während des Konzils, als der erste Pizzaservice im Gassenwirrwarr von Konstanz unterwegs war. Erinnern wir uns an unseren eigenen Geschichtsunterricht in der Schule und sind mal ehrlich: Wann hat Geschichte schon mal so gut geschmeckt?

Wir bleiben noch etwas bei den Küchengeheimnissen früherer Zeiten und erfahren gleich mehr darüber, warum man damals in Konstanz auch mal im Essen von Kardinälen herumstocherte …

## WARUM IM ESSEN VON KARDINÄLEN HERUMGESTOCHERT WURDE

**Machte das Essen mit der richtigen „Zutat" den Papst?**

Eines der drängendsten Probleme auf dem Konstanzer Konzil war die Tatsache, dass drei Päpste gleichzeitig Anspruch auf den Stuhle Petri erhoben. Selten in der 2000-jährigen Geschichte des Christentums war man so zerstritten. Ein Papst saß in Rom, einer in Avignon und einer kam aus Pisa. Doch kann es nach Selbstverständnis der Kirche nur einen Papst geben, aber welcher war nun der richtige? Diese Frage beschäftigte Kaiser und Kirche die ersten drei Jahre des Konzils. Als sich nach langwierigen Verhandlungen herausstellte, dass jeder der aktuellen Päpste verbraucht und letztlich diskreditiert war, daher keinesfalls mehr die Kirche führen könne, war der Weg frei für einen neuen, noch zu wählenden Papst. Dieser Weg der Erkenntnis war steinig, bisweilen geradezu gesäumt von dramatischen Ereignissen. Den Höhepunkt fand dieser Prozess in der Flucht von Johannes XXIII. aus Konstanz. Er war der einzige der drei Päpste, der sich auf das Konzil gewagt hatte – natürlich in der Hoffnung, sich dort als einzig wahrer Stellvertreter Jesu Christi durchzusetzen. Als er ahnte, dass dieser Plan scheitern würde, suchte er sein Heil in der Flucht. Doch er wurde wieder eingefangen, zurückgebracht und abgesetzt.

Jetzt musste also ein neuer Papst gewählt werden. So wurde am 8. November 1417 das Konklave zu Konstanz einberufen. An diesem Montag zogen feierlich die Papstwähler in das Kaufhaus am See ein, um ein neues Kirchenoberhaupt zu wählen. Allerdings scheint ein Kaufhaus doch kaum der geeignete Ort zu sein, um den Stuhl Petri neu zu besetzen. Immerhin wird seit über 130 Jahren die Papstwahl in der ehrwürdigen Sixtinischen Kapelle im Vatikan abgehalten. Wie kam man also dazu, ein profanes Gebäude wie ein Kaufhaus für solch einen „sakralen" Akt zu verwenden? Wäre die alte Bischofskirche, das Konstanzer Münster, nicht der wesentlich passendere Ort gewesen? In das Münster wollte man nicht, da es zu zentral in der Stadt lag und so die Gefahr der Einflussnahme von außen auf die Wähler bestanden hätte. Darüber hinaus wusste niemand, wie lange das Konklave dauern würde. Man wollte es nicht riskieren, dass die Kirche ebenfalls entsprechend lange blockiert sein würde. Daher entschied man sich für das erst wenige Jahrzehnte zuvor fertiggestellte Kaufhaus.

Während im unteren Saal sich noch gelagerte Waren befanden, wurde das erste Stockwerk umgebaut, so dass u.a. 53 Einzelzimmer entstan-

den, für jeden Wahlberechtigten eines. Damals waren es aber nicht nur Kardinäle, die ihre Stimme abgeben durften. Von ihnen waren es 23, die anderen 30 waren Delegierte des Konzilsrates, d.h. Vertreter der fünf am Konzil teilnehmenden „Nationen“.
Wie bei jeder Papstwahl war es besonders wichtig, dass die Teilnehmer des Konklaves unbeeinflusst von außen, nur inspiriert durch den heiligen Geist, den richtigen Kandidaten wählen würden. Immerhin tritt man das Papstamt auf Lebenszeit an. Nur zweimal in der 2000-jährigen Geschichte der katholischen Kirche ist ein Papst freiwillig zurückgetreten – zuletzt „unser“ Papst Benedikt XVI. im Frühjahr 2013. Andererseits war der Druck damals in Konstanz enorm groß: Ein neuer Papst musste her, am besten schnell, der die Spaltung der Kirche endgültig überwindet. Um optimale Bedingungen zu garantieren, wurden die 53 auserlesenen Wähler von der Außenwelt so gut wie möglich isoliert. Es wurden hochgestellte Fürsten und Bischöfe damit beauftragt, diese Abriegelung genauestens zu überwachen. Die Essensträger wurden jedes Mal genauestens von Ärzten und Geistlichen auf verbotene Botschaften untersucht und niemals ohne Aufpasser zu den Mitgliedern des Konklaves vorgelassen, wo sie auch nicht reden oder irgendwelche Zeichen geben durften. Selbst die Speisen wurden einer genauen Inspektion unterzogen: Die Brote wurden aufgebrochen und zerschnitten – es könnten ja Informationen eingebacken sein, Weinflaschen wurden im Licht auf ungebetene Bestandteile untersucht, das gesamte Essen wurde durchstochert und durchwühlt, dass einem schon von der bloßen Vorstellung der Appetit vergeht. Diese wichtige Aufgabe der gewissenhaften Durchsuchung der Gerichte wurde den Bischöfen aus Concordia, Merseburg und Oloron ausgetragen.
Es wird nirgends berichtet, dass sie etwas gefunden hätten, aber das muss nichts bedeuten. Wer weiß … eventuell konnte doch durch die Mahlzeiten auf die eine oder andere Weise eine wichtige Information – womöglich gewürzt mit dem Versprechen auf bare Münze – in das Wahlgremium geschmuggelt werden. Vielleicht machte das richtige Essen den neuen Papst – wir werden es wohl nie erfahren.
Was auch immer passiert ist, eines steht auf jeden Fall fest: Selten hat hohe Kirchenpolitik und die Kunst des Kochens schon mal auf solch eine Art zusammengefunden!

Nach diesem Ausflug in die Geheimnisse der kirchlichen Küchengeschichte wollen wir uns nun mit dem Ort beschäftigen, bei dem es nur Wasser und Brot gibt …

## SCHLOSS GOTTLIEBEN

**Zwei bedeutende Konzilsteilnehmer zu Gast im Gefängnis**

Fährt man mit dem Schiff von Konstanz den Seerhein flussabwärts, sieht man bald auf der linken Seite das Schloss Gottlieben. Es ist am Ortsrand von Gottlieben, einer der kleinsten Gemeinden der Schweiz, im Kanton Thurgau gelegen. Vom Wasser bietet es eine prächtige Steinfassade, die oben mit Zinnen begrenzt ist. Die Maßwerkfenster stammen aus dem Münster. Zwei wehrhafte Türme strecken sich trutzig in die Höhe. Heute ist das Schloss in Privatbesitz und leider nicht für die Öffentlichkeit zugänglich. Die ehemalige Wasserburg wurde Mitte des 13. Jahrhunderts vom Konstanzer Bischof Eberhard II. Truchsess von Waldenburg errichtet. Sie diente als Zufluchtsort und Gerichtsstätte, weshalb sie über einen Gefängnistrakt verfügte. Damals führte an dieser Stelle eine Holzbrücke über den Rhein. Der Bischof wollte mit der alternativen Rheinquerung den Bürgern der Stadt Konstanz Konkurrenz machen, mit denen er im Streit lag. Es war weithin die einzige Möglichkeit, den Bodensee bzw. den Rhein zu überqueren. Die Wasserburg hatte einen Wehrgang um das ganze Gebäude, so dass sie größeren Angriffen standhalten sollte. Mit seinen Plänen, Gottlieben als befestigten Handelsort neben Konstanz zu etablieren, ist der Bischof jedoch letztlich gescheitert.

Während des Konstanzer Konzils kam Schloss Gottlieben eine besondere Rolle zu. Nachdem Papst Johannes XXIII., der die Kirchenversammlung einberief, geflohen war und zur Abdankung gezwungen wurde, hielt man ihn auf Schloss Gottlieben fest.

Zeitgleich wurde Jan Hus, der als böhmischer Reformator mit einer persönlichen Einladung von König Sigismund und Papst Johannes XXIII. und dem Versprechen auf freies Geleit, nach Konstanz gelockt wurde, der Prozess als Ketzer gemacht. Der Papst wollte persönlich für die Unversehrtheit seiner Person garantieren, doch war ihm dies im Gefängnis nicht mehr möglich. Jan Hus wurde zuerst in Konstanz eingesperrt. Nach ihm wurde ein halbrunder Anbau des heutigen Inselhotels „Hussenturm“ benannt, in dem er geschmachtet haben soll. Von da wurde er in den Barfüßerturm an der heutigen Stefansschule verlegt. Beide Domizile sollen der Gesundheit des Böhmen nicht gut getan haben, so dass man sich dazu entschied, ihn gleichfalls auf Schloss Gottlieben unterzubringen.

Nun waren der Magister Jan Hus und Baldassar Cossa, einst Papst Johannes XXIII., der für die Unversehrtheit des Reformators garantieren wollte, auf dem westlichen Burgturm in einem hölzernen Blockhaus ge-

*Husturm am Dominikanerkloster*

fesselte Zellennachbarn. Dies ist sicher eine große Ironie des Schicksals. Ob sich die Zellennachbarn in der Nacht Wand an Wand was zu erzählen wussten?

Während Jan Hus im Juli 1415 bei lebendigem Leibe verbrannt wurde, musste der Gegenpapst bis ins Frühjahr 1419 in verschiedenen Gefängnissen ausharren. Nach seiner Freilassung hatte er jedoch nicht mehr lange zu leben. Ob es die schweren Haftbedingungen oder das schlechte Gewissen war, das er Jan Hus gegenüber haben musste, die ihn letztlich ins Grab brachten, ist nicht überliefert.

Doch die Zeit entscheidet, wie jemand in die Geschichte eingeht und somit in den Köpfen der Menschen Präsenz zeigt. Baldassare Cosa, der ein paar Jahre als Gegenpapst Johannes XXIII. wirken konnte, ist heute nahezu unbekannt. Von ihm bleibt nur ein prachtvolles Grabmal mit der Inschrift „einst war er Papst" im Dom zu Florenz.

Fast 600 Jahre nach seinem Tod ist Jan Hus jedoch vielen Menschen bekannt. Straßen und Gebäude tragen seinen Namen. In Tschechien wird er bis heute als Reformator und Nationalheld gefeiert.

Zwei Gefangene Wand an Wand in einem Schloss, die das Schicksal beim Konstanzer Konzil zusammenführte, und das letztlich über ihren Tod bzw. ihr Nachwirken entschieden hat. So bunt kann Geschichte manchmal sein.

Doch nun zum wichtigsten Geschichtenerzähler des Konzils ...

## ULRICH RICHENTAL

### Ein Bürger wird zum Hauptzeugen eines Weltereignisses

Ulrich Richental wurde um 1360 in Konstanz als Sohn des Stadtschreibers Johannes Richental geboren. Sein Familienname leitet sich von einem Dorf bei Luzern gleichen Namens ab, aus dem seine Vorfahren stammten. Vermutlich besuchte er die Lateinschule und erhielt eine geistliche Ausbildung. Im Jahr 1380 bewarb er sich als „clericus constantiensis“ (Konstanzer Geistlicher) um Pfründe des Chorherrenstifts St. Johann. Offenbar hat ihn die kirchliche Arbeit nicht ausgelastet, denn 1410 heiratete er seine Verlobte Anna. Den Archiven nach blieb die Ehe kinderlos. So verfügte Ulrich Richental über ausreichend Zeit und die Geldmittel sich der Arbeit eines Chronisten zu widmen. Er war Bürger der Stadt Konstanz und beherbergte in seinem Haus „zum guldin bracken“, das in der Nähe des Münsters, heute Wessenbergstraße 29, stand, verschiedene Teilnehmer des Konzils. Damit war er Zeitzeuge des Konstanzer Konzils, wobei er selbst kein Teilnehmer war. Finanziell und beruflich war Richental unabhängig. So konnte er für verschiedene Auftraggeber tätig werden, wie etwa den Rat der Stadt, Graf Eberhard von Nellenburg oder gar König Sigismund.
Nach eigenen Angaben soll Ulrich Richental mit der Vorbereitung des Konzils beauftragt worden sein, von dem er als erstes erfuhr. Er führte Notariats- und Schreibgeschäfte im Zusammenhang mit dem Geschehen beim Konzil. Von Beginn und während der gesamten Dauer des Konzils hat er diplomatische Aufgaben übernommen. Er sammelte Abschriften zahlreicher Dokumente, befragte Freunde und Bekannte nach Informationen und soll teilweise sogar Bestechungsgelder bezahlt haben, um an interessante Details zu gelangen.
Ulrich Richental schrieb eine umfangreiche Chronik über die Ereignisse des Konzils. Es ist eine Art Tagebuch, in dem er alle Ereignisse chronologisch detailliert beschreibt. Da er nicht selbst bei den Konferenzen teilnahm und seine Informationen durch Dritte erhielt, sind ihm ein paar Irrtümer und Fehlangaben unterlaufen. Trotzdem ist sein Werk einzigartig und erfreute sich daher bald großer Beliebtheit.
Von ihm stammen Teilnehmerlisten mit deren Wappen. Da er das Ereignis teilweise selbst erlebt hat, bieten seine Berichte ein Bild der Geschehnisse, wie sie auf die Bürger der Stadt gewirkt haben. Er schildert alle wichtigen Ereignisse und gibt statistische Angaben. Auch werden die Preise der wichtigsten Güter und Dienstleistungen angegeben. So ergibt sich ein lebendiges, lebensnahes Bild aus Sicht der einfachen Bürger, wie

das Konzil auf die Stadt, die Kirchen- und Weltpolitik, aber auch sozialgeschichtlich gewirkt hat.
Die originale „Richental-Handschrift“, die er zwischen 1420 und 1430 selbst verfasste, ist vermutlich beim Klosterbrand 1697 in Salem vernichtet worden und gilt seither als verschollen. Jedoch entstanden auf dieser Grundlage bis ins 17. Jahrhundert etwa 16 Abschriften und drei Drucke. Nur drei gelten als verloren.
Die Versionen, teilweise mit und teilweise ohne Illustrationen, geben unterschiedliche Einblicke in die Konzilszeit, da von verschiedenen Geldgebern in Auftrag gegeben. Die Konstanzer Chronik, die heute im Besitz des Rosgartenmuseums ist, stammt aus dem Jahr 1464 und stellt die Bodenseestadt in den Vordergrund.
Neben Ulrich Richental gibt es viele andere Zeitzeugen und Chronisten. Doch diese hatten entweder nur protokollarische Aufgaben oder schrieben eindeutig aus der Sicht ihrer Auftraggeber. Beim Vergleich der verschiedenen Quellen wird jedenfalls klar, dass Ulrich Richental verhältnismäßig wertneutral und sachlich die Geschehnisse dokumentierte. Der Chronist beauftragte ausführliche Illustrationen zu den Geschehnissen während des Konzils. Vermutlich stammen sie aus der Feder eines holländischen Künstlers, den er aus eigener Tasche finanzierte. Es ist eine Legende, dass er selbst die farbenfrohen Bilder gemalt haben soll.
Zur Person Ulrich Richentals gibt es in der Geschichte viele Berichte, die wohl eher der Dichtung angehören. So wird sein Geburtsdatum zwischen 1356 und 1378 angeben, sein Sterbedatum zwischen 1434 und 1438. Frühere Autoren hielten Richental für einen Domherren und Adligen, was er jedoch nicht war.
Ulrich Richental verstarb um 1437. Sein Vermächtnis sind die einmaligen Schilderungen des Alltags und der Konzilsereignisse im frühen 15. Jahrhundert. Ein herzliches Dankeschön für sein ehrenamtliches Engagement, ohne das auch dieses Buch nie entstanden wäre. Heute ist im Stadtteil Paradies eine Straße nach ihm benannt und erinnert an den bedeutendsten Chronisten des Konstanzer Konzils.

Doch nun zu etwas ganz anderem. Gleich möchte ich Ihnen von einem sagenhaften König im fernen Indien berichten, dessen Gesandte – oder gar er selbst – vor 600 Jahren hier in Konstanz gewesen sein sollen …

*Wappen des Priesterkönigs Johannes*

## EINE LEGENDE AUF DEM KONZIL – DER PRIESTERKÖNIG JOHANNES IN KONSTANZ

**Ein faszinierender Mythos: Wurde Konstanz vom märchenhaft-mächtigen König von Indien besucht?**

Die Geschichte ist voll von Sagen und Legenden, von mythologischen Figuren, die die Phantasien der Menschen schon seit langen Zeiten beflügeln. Nicht zuletzt war das keineswegs dunkle, dafür aber umso buntere Mittelalter eine Zeit der großen Legendenbildungen. Wer erinnert sich nicht an König Artus, die Gralssuche und die Ritter der Tafelrunde, an die Nibelungen um den strahlenden Held Siegfried und den finsteren Hagen oder an Kaiser Friedrich Barbarossa, der im Kyffhäuser schläft und eines Tages wieder erwachen soll? Aber es gibt noch viel mehr solcher Geschichten … und ganz besonders eine ist es wert, aus dem Dunkel der Vergangenheit gezerrt und erneut erzählt zu werden – die Legende um den Priesterkönig Johannes.

Heute ist diese Überlieferung relativ unbekannt, aber einst war das anders. Wohl kaum eine andere mythische Gestalt des Mittelalters hat auf die Europäer so eine Faszination ausgeübt wie jener König des fernen Wunderlandes Indien. Dabei war er für die Menschen der früheren Jahrhunderte keineswegs eine erfundene Gestalt, sondern sehr real. Heute wissen wir, dass es ihn, den Priesterkönig, nie gegeben hat, aber wir wollen diesen Mythos dadurch nicht entzaubern, nichts vorwegnehmen. Lassen wir uns auf diese Sage ein und kehren wir zurück in das 12. Jahrhundert, als West und Ost sich kriegerisch gegenüberstanden.

Die christlichen Kreuzfahrerstaaten im Orient existierten seit einigen Jahrzehnten, als die muslimischen Nachbarn in den 1140er Jahren begannen, verlorene Gebiete zurück zu erobern. Jerusalem, die Hauptstadt der Kreuzfahrer, schien von den Heeren des Islam bedroht. Der daraufhin ausgerufene Zweite Kreuzzug mündete in einer schweren Niederlage der christlichen Heere. Nun stieg im Abendland die Angst vor einem militärisch erstarkenden Islam und in der Tat erwuchs den Kreuzfahrern ein gefährlicherer Gegner als jemals zuvor. Ratlosigkeit machte sich an den Höfen der europäischen Herrscher breit. Wie sollte man der Bedrohung begegnen? Und dann geschah das Unerwartete: Fern im Osten, jenseits der islamischen Reiche, erhob sich in Indien ein mächtiger christlicher König, um dem Abendland beizustehen. Ein riesiges Heer, wie es die Welt noch nicht gesehen hatte, ließ die Erde erbeben und walzte sich Jerusalem entgegen. Der endgültige Triumph der Christenheit schien nahe. Dies zumindest war in einem Bericht zu lesen, der genau zu diesem Zeitpunkt der Verzweiflung in Mitteleuropa auftauchte. Die Legende über den sagenhaften Priesterkönig Johannes war geboren.

Diese Figur sollte in den nächsten 400 Jahren immer wieder durch die Köpfe der Christen Europas spuken.
Man erzählte sich, er sei ein unglaublich mächtiger König im fernen Indien, der plane, die islamischen Reiche zu vernichten. Fortan suchten zahlreiche Könige und Päpste den Kontakt zu diesem Herrscher, um mit ihm gemeinsam „den Feind der Christen" endgültig zu besiegen.
Über sein Reich im fernen Osten sagte man sich u.a., dass es größer als jedes andere auf Erden sei, dass es sich nahe dem irdischen Paradies befinde und dass der Priesterkönig über 72 Könige herrsche, darüber hinaus seien die 10 verlorenen Stämme Israels ihm tributpflichtig. Auch gebiete er über die Völker Gog und Magog, wilde Stämme aus dem fernen Osten, die in der Bibel und im Koran erwähnt werden und im Zusammenhang mit der immer wieder erwarteten Ankunft des Antichristen stehen. Im Palast des Priesterkönigs leide keiner Hunger oder Durst, man werde nicht krank bzw. gesunde. Man erzählte sich sogar, dass innerhalb der königlichen Palastmauern der sagenhafte Jungbrunnen sei, der Johannes Unsterblichkeit verleihe. Im Hauptsaal könnten 30.000 Menschen speisen und in den Privatgemächern des Monarchen hänge ein Spiegel, der es ihm erlaube, jederzeit zu sehen, was seine Feinde gegen ihn planen.
Kurzum, dieser Priesterkönig – gleichzeitig oberster weltlicher und geistlicher Herrscher – war wohl unbesiegbar. Ein idealer Bündnispartner gegen den Islam erschien auf der Bühne der Geschichte. Diese Chance galt es zu nutzen, nun könne man Orient und Okzident unter christlichem Vorzeichen vereinen. Die gefährliche Suche nach ihm und seinem Reich begann, sie sollte über 400 Jahre dauern. Man fand ihn nie, denn er war eine Legende ohne historischen Bezug, ohne Wahrheitsgehalt. Doch es sollte noch lange dauern, bis man dies in Europa erkannte.
Zuerst suchte man nach dem mächtigen Herrscher im heutigen Indien. Nur wenige Europäer sollten so weit vorstoßen und immer wieder verzweifelt nach dem Priesterkönig fragen. Ab dem 13. Jahrhundert vermuteten viele, unter ihnen auch Marco Polo, dieses indische Großreich in China, denn Indien war kein geographisch genau umfasster Begriff. Indien war ein Synonym für fernen Osten, für weit, weit weg. Unterstützt wurde die „Chinaidee" von Berichten, die spärlich aus dem Fernen Osten nach Europa gelangten: Dort sei etwas im Wandel, riesige Reiterheere verwüsteten islamische Reiche. War dies endlich der herbeigesehnte Priesterkönig? Heute wissen wir, dass in Zentralasien in jenen Jahren tatsächlich ein Großreich entstanden war, allerdings stand an der Spitze kein christlicher Herrscher, sondern der Großkönig aller Mongolen, Temudschin genannt. Die Welt sollte ihn unter einem anderen Namen kennen- und fürchten lernen – Dschinghis Khan!
Als man allmählich in Europa begriff, dass auch dort der Priesterkönig

nicht sei, verlagerte man die Suche nach Afrika, ins heutige Äthiopien und noch weiter nach Süden Richtung Kongo. Doch nirgends fand man ihn. Die Hoffnung wollte man trotzdem nicht aufgeben. Als ein genuesischer Navigator namens Christoph Kolumbus das große Abenteuer wagte und 1492 von Spanien aus nach Westen segelte, um auf diesem Weg Indien zu erreichen, hatte er vom spanischen Königspaar einen Brief an den Priesterkönig dabei. Noch immer wollte man das unbezwingbare Bündnis, noch immer suchte man das sagenhafte Großreich. Im Lauf des 16. Jahrhunderts verblasste dieser Mythos allmählich, man erkannte, dass man jahrhundertelang einem Phantom nachgejagt hatte. So geriet der Mythos um den Priesterkönig Johannes schnell in Vergessenheit. Nur noch ab und zu tauchte er wieder auf. So z.B. wird er spöttisch erwähnt in Cervantes` Don Quichotte. Heute ist er, wie schon eingangs erwähnt, weitgehend vergessen.
Doch zurück in das frühe 15. Jahrhundert, nach Konstanz. Das Konzil schlug Europa in seinen Bann, das Interesse an den Christen des Ostens wuchs. Bei all dem Trubel, der Geschäftigkeit und der Bedeutung dieser Versammlung verwundert es nicht, dass die Metropole am See von zahlreichen Gesandten besucht wurde. Diesen „Weltjahrmarkt" wollten sich viele nicht entgehen lassen. Wenn man den Quellen glauben will, waren aus Russland, aus der Türkei, ja selbst aus Arabien und der fernen Mongolei Abgesandte anwesend. Dabei darf man die Fantasie der Chronisten nicht unterschätzen. Es ist kaum vorstellbar, dass die Mongolen und andere ferne Völker sich für das Konzil interessierten. Wahrheit und Fiktion liegen hier oft nahe beieinander. Und so verwundert es nicht, dass auch der vielleicht berühmteste Mythos jener Zeit mit Konstanz und dem Konzil in Verbindung gebracht wurde. Ja, in der Tat berichtet der Frühhumanist Pier Vergerio, dass 1417 drei Äthiopier die Stadt und das Konzil besuchten. Waren dies Besucher aus dem Reich des Priesterkönigs Johannes? Wenn sie wirklich jemals Konstanz besuchten, waren sie womöglich Pilger oder Abenteurer? Dies allein wäre schon eine spannende Geschichte, aber leider wissen wir nicht mehr über jene drei Männer aus Afrika. Von offiziellen Vertretern von Äthiopien ist sonst keine Rede in den Konzilsquellen. Doch damit war es noch nicht genug. Der Konzilschronist Ulrich von Richental erwähnt drei Gesandte aus Indien, oder war es der mächtige Herrscher gar selbst? Da war bei Richental der Wunsch Vater des Gedankens. Er war nun mal ein Kind seiner Zeit und hielt die Legende um den Priesterkönig wahrscheinlich für wahr. Und wenn sich die Christenheit am Bodensee trifft, kann der mächtige König Indiens natürlich nicht fehlen. Womöglich wollte Richental mit dem erdichteten Auftreten des Johannes bzw. seiner Diplomaten die Bedeutung des Konzils betonen. Nicht zuletzt verkaufte sich eine solche Geschichte auch sehr gut. Sie bot das, was die Menschen hören wollten.

Aber es ist allemal eine fesselnde Vorstellung, dass der Priesterkönig Johannes (oder einer seiner Gesandten) durch die Gassen von Konstanz flanierte, sich an der Schönheit von Stadt und See erfreute und dabei seinen Eroberungsideen nachhing – und seiner Vision von einer kriegerischen Vereinigung von Abendland und Morgenland. Wir modernen Menschen lehnen solche im wahrsten Sinne des Wortes mittelalterlichen Ziele natürlich ab und betonen zurecht das Gebot religiöser Toleranz, davon unberührt bleibt jedoch eine gewisse Faszination für den Priesterkönig Johannes und sein märchenhaftes Reich erhalten, auch wenn er niemals in Konstanz war, auch wenn er und all die Wunder, die ihn umgaben, nur reine Phantasie sind. Doch was wäre unser Leben ohne das inspirierende und bisweilen auch tröstende Reich der Phantasie?

Verlassen wir nun den Mythos des Priesterkönigs und wenden uns einer sehr viel profaneren Sache zu ...

# LIEBESKÄFER

## Wie die Konstanzer Apotheken florierten

Während des Konstanzer Konzils musste nicht nur für ausreichend Nahrung und Schlafstätten gesorgt werden, auch galt es fleischliche Gelüste zu befriedigen. Den Quellen nach ist es zu häufigen Liebeskontakten gekommen. Da die Treue dabei wohl nicht die größte Rolle spielte, wurden nicht nur Liebessäfte ausgetauscht. In Konstanz konnte man sich bei den vielen offiziellen und heimlichen Liebesakten auch so manchen Parasiten einfangen. Man sprach damals beschönigend von „Intimläusen" oder gar von „Liebeskäfern".

Vulgär werden die Viecher bis heute auch „Sackratten" genannt, da sie sich an den Haaren des Menschen, bevorzugt im Schambereich, festhalten. Ihre Eier, die Nissen, werden auch an den Haaren befestigt. Dies verursacht einen starken Juckreiz und eine blaue Verfärbung der Haut.

Die Filz- oder Schamlaus, wie der eigentliche Name lautet, war sicher kein angenehmes Mitbringsel aus der Konzilstadt, wobei man sich mit allerlei Mittelchen behelfen wollte. Damit begann am Bodensee ein florierender Handel mit Salben und Pülverchen, die auf den Märkten von Quaksalbern dargeboten wurden.

Fairerweise muss man dazu sagen, dass sich dieser Parasit auch über getragene Kleidung oder verschmutzte Bettwäsche verbreiten konnte und nicht nur über Intimverkehr. Trotzdem wollte man diese beißende Plage so schnell wie möglich wieder loswerden.

Aber auch die Apotheker hielten so manche Medizin gegen das unangenehme Jucken in ihren Regalen bereit. Deshalb ist es auch kein Wunder, dass die Konstanzer Apotheker sich finanziell gut stellten und ordentlich von dem Konzil profitierten. Die Tiergarten-Apotheke neben der Stephanskirche soll seit 1264 bestehen. Aber das liegt sicher nicht nur am Handel mit Mittelchen gegen juckende Plagegeister.

Wir verweilen noch für eine weitere Geschichte beim Gegenstand der Sünde und lesen gleich etwas von Konzilskindern und Pfaffenbälgern …

*Hohe Geistlichkeit auf dem Konzil*

# VON KONZILSKINDERN UND PFAFFENBÄLGERN

## Unerwünschte „Geschenke“ auf dem Konzil

Wie wir bereits in anderen Sagen und Legenden erfahren haben, war das Konzil von Konstanz nicht nur eine kirchliche, sondern auch eine sehr sündige Veranstaltung. Der Konzilschronist Ulrich von Richental berichtete von 700 Prostituierten, damals gerne Hübschlerinnen genannt, die ihre Dienste in der Stadt am Bodensee anboten. Dabei blieb es nicht aus, dass das eine oder andere unerwünschte Kind das Licht der Welt erblickte, auch wenn die betroffenen Frauen meist alles versuchten, um dies zu verhindern.

Natürlich gibt es Verhütungsmethoden nicht erst seit dem 20. Jahrhundert. Obwohl in unserer modernen Zeit die Methoden raffinierter und sicherer geworden sind, existiert eine 100%ige Sicherheit immer noch nicht – abgesehen von der Enthaltsamkeit, die kaum jemand als Alternative in Erwägung zieht. In früheren Jahrhunderten wusste man (bzw. frau) sich aber schon zu helfen, denn Verhütung war damals noch eindeutiger als heute Frauensache. Selbst wenn Gummikondome noch unbekannt waren, gab es Vorläufer aus Tierdärmen oder -blasen. Manche Frauen spülten sich nach dem Geschlechtsverkehr mit Pflanzenextrakten aus, die man für besonders reinigend hielt. Andere benutzten Schwämme, die in Essig eingetaucht und vor dem Sex eingeführt jede Schwangerschaft verhindern sollten. Man kann sich leicht vorstellen, dass all diese Methoden alles andere als sicher waren und es oft genug zu ungewollten Schwangerschaften kam.

Prostituierte wurden trotzdem seltener schwanger, als man denken könnte, was wohl auch daran lag, dass sie öfter als andere Frauen Geschlechtskrankheiten hatten, die sie unfruchtbar werden ließen. Falls aber dann doch ein Kind unterwegs war, konnte man immer noch versuchen abzutreiben, z.B. konnte durch Einnahme bestimmter Kräuter der Fötus getötet werden. Dies war mit großen Gefahren verbunden: Oftmals waren die Nebenwirkungen für die Frau sehr gefährlich. Darüber hinaus waren Abtreibungen bei Androhung – und Anwendung – der Todesstrafe verboten.

Während des Konstanzer Konzils wurden nun einige Kinder von diesen Liebesdienerinnen geboren. Manche Zeitgenossen betrachten ganz pragmatisch diese Tatsache als eine übliche Begleiterscheinung solch einer Mammutveranstaltung. Andere ereiferten sich und verurteilten diese Frauen, dabei gerne übersehend, dass zu solch einer Schwangerschaft immer zwei gehören. Und da diese Damen nicht selten von Geistlichen

aufgesucht wurden, bürgerte sich für diese unehelichen Kinder schnell der Begriff „Pfaffenbälger" ein, ein übles Schimpfwort, das noch Jahrhunderte später in Gebrauch war und geradezu als Synonym für ein außerehelich geborenes Kind gebraucht wurde.
Daneben wurde der etwas freundlichere Begriff „Konzilskind" verwendet, der sich nicht nur auf Geistliche als die Väter dieser Kinder bezog. Den Makel „Konzilskind" konnten die betroffenen Menschen, die ja selber vollkommen unschuldig waren, ihr Leben lang nicht ablegen. Mit diesem Stigma mussten sie leben, wohl wissend, dass sie ohne das Konzil in Konstanz das Licht der Welt nie erblickt hätten.

Verlassen wir nun die zwielichtige Welt der Prostitution und richten unsere Blicke in das Dunkel der Nacht, wo der Aberglauben durch Angst genährt wurde. Wer weiß schon, dass das Konzil eine Frau beherbergte, von der man noch 500 Jahre später berichtete, dass sie als Vampir nach Sonnenuntergang durch die Finsternis streife …

# BARBARA VON CILLI

## Kaiserin, Femme Fatale und Vampir

Wer hat sich als Kind nicht gefürchtet, wenn im Fernsehen spätabends ein Horrorklassiker gezeigt wurde und die Eltern schon im Bett waren? Doch man wollte sich selbst Mut beweisen oder am Grusel und der Gänsehaut „erfreuen" und sah sich heimlich an, wie Graf Dracula oder andere Gestalten der Dunkelheit ihr Unwesen trieben. Speziell die Vampire sind ein äußerst populäres Sujet, ohne das der moderne Horrorfilm und die entsprechende Literatur nicht denkbar wären. Die blutsaugenden Monster erfreuen sich vor allem in unserem „aufgeklärten" 21. Jahrhundert ungebrochener Beliebtheit. Doch viele wissen nicht, dass der Mythos der Vampire ein sehr alter ist – und manchmal sehr nah! Denn eine seiner Wurzeln findet sich am Bodensee vor 600 Jahren, im Konstanz zur Zeit des Konzils.

Frühere Jahrhunderte waren erfüllt von Aberglauben, von der irrationalen Vorstellung an die Wirksamkeit übernatürlicher Kräfte, seien es Hexerei, die Macht von Dämonen oder Schadens- bzw. Schutzzauber. Dabei war es keineswegs ein Vorrecht des gar nicht so finsteren Mittelalters, dem Aberglauben zu verfallen. Schon in der Antike glaubten nicht wenige an übersinnliche Kräfte, die mitunter bedrohlich sein konnten. So alt wie die Menschheit ist dabei wohl die Vorstellung, dass es Wesen gebe, die aus dem Schattenreich, aus dem Reich des Todes wiederkehren, um die Lebenden heimzusuchen, zu erschrecken, zu quälen und manchmal auch zu töten. Meist glaubte man, dass alles mögliche Unheil von solchen Geschöpfen bzw. unheimlichen Kräften herrühre. Auch die Pest, jene Geißel der Menschheit, die so viel Leid brachte, soll ein Werk von Dämonen oder Wiedergängern, die untot aus ihren Gräbern stiegen, gewesen sein. Vor allem die Nacht war – vor der Elektrifizierung, als die Nacht zum Tag wurde – eine Periode der Angst, denn die sonnenfernen Stunden waren damals für viele auch die gottesfernen Stunden, die Nacht gehörte den Geistern und Dämonen, den Dienern des Teufels. Die Zeit zwischen Sonnenuntergang und Aufgang, so glaubten nicht nur die Menschen des Spätmittelalters, war erfüllt von Hexen, Gespenstern und Monstern aller Art – besondere Furcht empfand man aber vor einem ganz besonderen „Kind der Düsternis", dem nach frischem Blut gierenden Vampir!

Der Glaube an Vampire ist sehr alt, er findet sich in nahezu allen Kulturen zu allen Zeiten. Blutsaugende Kreaturen kannten schon die Römer und Griechen. Bestimmte Nächte waren dabei gefährlicher als andere,

*Lanzenhof – Herberge der Barbara von Cilli*

da in ihnen die Mächte der Finsternis besonders aktiv waren. Zu ihnen gehörte die sogenannte Georgsnacht vom 22. auf den 23. April, dem Georgstag. In jenen Stunden waren laut Aberglaube die Pforten zwischen unserer Welt und dem Jenseits geöffnet, es war die Zeit der Werwölfe, Dämonen und Vampire. In dieser Nacht hängten die Menschen Knoblauch vor die Fenster und die geweihten Kirchenglocken läuteten überall bis tief in die Nacht, um das „dunkle Gesindel" zu vertreiben. Am nächsten Tag gab es ein großes Fest, um dem Dank und der Freude Ausdruck zu verleihen, dass die finstere, bedrohliche Georgsnacht vorbei sei. Während des Konzils von Konstanz konnte man all dies auch in der Seemetropole beobachten. Diese besondere Aprilnacht schreckte damals auch die Konstanzer und ihre Gäste.

Die heute noch populäre Vorstellung vom Vampir, den man mit Knoblauch, einem Kreuz oder Ähnlichem bannen kann, hat seine Ursprünge wohl auf dem Balkan, jener Region, die seit dem 19. Jahrhundert als Hort der Rückständigkeit und des Aberglaubens gilt. Auch das Wort „Vampir" verbreitete sich vom Südosten Europas über die ganze Welt. Im Karpatenraum, dem heutigen Rumänien, trifft man auch heute noch auf solche wahnhaften Ideen. Dort ist auch der Ausgangspunkt der Legende um den bekanntesten Vampir der Geschichte, den Grafen Dracula. Doch muss man Mythos und Wirklichkeit hier scharf voneinander trennen: Den historischen Dracula hat es gegeben, zum Blutsauger wurde er aber erst Jahrhunderte später. Nur wenige wissen, dass dies auch mit dem Konstanzer Konzil zusammenhängt.

Der Schirmherr des Konzils, der römisch-deutsche König Sigismund, war seit 1387 auch König von Ungarn und Kroatien. Als solcher hatte er es mit einem schier übermächtigen Feind zu tun, der an den Pforten Europas im Südosten stand und mit aller Macht nach Norden, in das Herz des Kontinents, drängte: Das Osmanische Reich schickte sich an, die letzten Reste des Oströmischen Reiches zu erobern, der Fall des einst so stolzen christlichen Konstantinopels, der Hauptstadt Ostroms, war nur noch eine Frage der Zeit. Gleichzeit wurden die Königreiche Serbien und Bulgarien von den Türken niedergerungen. Ungarn hielt noch stand, aber wie lange? Sigismund war vollkommen klar, dass er nun die Aufgabe hatte, als Schutzschild der Christenheit den Vormarsch der muslimischen Heere zu stoppen. Zu diesem Zweck gründeten er und seine Frau, Barbara von Cilli, den Drachenorden, einen katholischen Ritterorden. Er sollte den Widerstand gegen die Osmanen organisieren und aufrecht erhalten, darüber hinaus den Kampf gegen Heiden und Schismatiker, gemeint waren vor allem die Hussiten, vorantreiben. Zahlreiche bekannte Persönlichkeiten ihrer Zeit waren Mitglieder in dieser Adelsgemeinschaft, unter anderen Oswald von Wolkenstein, der Ritter und Minnesänger, der auch auf dem Konzil zugegen war. Später nahm der König auch den Fürsten der Walachei in die Drachengemeinschaft auf, einen gewissen Vlad II., der sich fortan Vlad Dracul nannte – das rumänische Wort für Drache ist Dracul. Sein Sohn sollte der berühmt-berüchtigte Vlad III. werden, die historische Vorlage für den Grafen Dracula. Draculea ist die Verniedlichungsform, heißt also „kleiner Drache“ im Sinne von Sohn des Drachen, Sohn des Vlad Dracul. Als Vlad der Pfähler sollte dieser gegen die Türken kämpfen und ein Nationalheld Rumäniens werden. Dabei kam es zu einem interessanten Wortspiel: Dracul heißt auf Rumänisch nicht nur Drache, sondern auch Teufel, was wohl besser zu unserem Blutsauger passt.

Der Gastgeber des Konzils, Sigismund, hat somit – natürlich unwissentlich – dazu beigetragen, den Mythos des Vampirs Dracula zu begründen. Doch dies allein würde die Verbindung zur Konzilsgeschichte und damit die Erzählung in diesem Buch noch nicht rechtfertigen. Nein, wenden wir uns vom König ab und einer Person zu, die viel direkter mit dem Vampirmythos verbunden ist – seiner Frau Barbara.

Barbara von Cilli war 20 Jahre jünger als ihr Mann. Um 1390 wurde sie als Tochter Hermanns II. geboren, des Grafen von Cilli. Cilli, heute Celje, ist die drittgrößte Stadt Sloweniens und Partnerstadt von Singen im Hegau, einer Kleinstadt 30 km von Konstanz entfernt. In ihrer Zeit muss Barbara eine sehr bemerkenswerte Frau gewesen sein. Sie soll sehr schön gewesen sein. Mit ihrem wallenden blonden Haar, ihren üppigen Brüsten und ihrem liebreizenden Gesicht soll sie auf Männer geradezu magnetisch gewirkt haben. In allen Quellen wird sie als wahre Schönheit beschrieben. Aber darin erschöpfte sich nicht ihr besonderer Ruf. Sie soll darüber hinaus sehr gebildet und intelligent gewesen sein, was in ihrer Zeit doch eher ungewöhnlich war. Sie wurde in eine ausgeprägte Männergesellschaft hineingeboren, die intelligente Frauen, die zudem wie Barbara selbstbewusst und redegewandt waren, sehr misstrauisch beäugte. So blieb es nicht aus, dass ihr notorisch eifersüchtiger Mann ihr immer wieder vorwarf, ihn zu hintergehen. So wird sie auch immer wieder beschrieben: Als wolllüstiges Weib, das ihren Ehemann betrog. Ob sie wirklich solch eine „Femme Fatale“ war, können wir nicht mit Sicherheit sagen. Aber eines steht fest, auch wenn sie sich das eine oder andere amouröse Abenteuer gegönnt hatte, Sigismund stand ihr da in nichts nach. Er war ebenfalls kein Kind von Traurigkeit und hat seinerseits seine Frau mehr als einmal betrogen. Ein Recht, das man in jener Zeit den Frauen allerdings nicht zugestand. So litt ihr Ruf bis in unsere Zeit – zu Unrecht, denn wäre sie ein Mann mit den gleichen Eigenschaften gewesen, intelligent, gutaussehend und selbstbewusst mit zahlreichen Eroberungen beim anderen Geschlecht, würde man(n) dieser historische Gestalt mit Anerkennung und Bewunderung begegnen.

Barbara war dies nicht vergönnt. Schon auf dem Konzil erzählten sich die Konstanzer und die Besucher aus aller Herren Länder alle möglichen Geschichten über die Königin, die im Lanzenhof residierte, einem noch heute in der Torgasse stehenden Haus, vor dem heute drei Finger aus Eisen aus dem Boden sich dem Besucher entgegen strecken. Nach dem Tod ihres Mannes soll sie sich auch verstärkt mit Alchemie und anderen okkulten Wissenschaften beschäftigt haben, was ihren schlechten Ruf verstärkte. Man schrieb von ihr als einem „schändlich-boshaftem Weib", das mit den ketzerischen Hussiten sympathisiert und sich von Christus und Gott ab- und Satan, dem Fürsten der Finsternis, zugewandt habe. Ihr wurden Orgien mit jungen Frauen ebenso angedichtet wie das „Märchen", dass sie beim Abendmahl keinen Wein getrunken habe, sondern menschliches Blut. So wurde sie schon zu Lebzeiten zu einem vampirähnlichen Wesen.

Als sie 1451 an der Pest starb, begann ihr spannendes „Nachleben". Die Gerüchte um sie verstummten nicht. Ein solch lasterhaftes Leben einer Frau musste ja dazu führen, dass sie im Tod keine Ruhe fand. Als Wiedergänger, als Vampir, stieg sie regelmäßig aus ihrem Grab, um die Lebenden zu quälen. Noch in den 1930er Jahren erzählten sich in Slowenien und Nordkroatien die Menschen, dass Barbara immer noch gesehen werde, wie sie nachts als Vampir umgehe. So wurde die Frau Sigismunds, die zweifellos das Konstanzer Konzil mit den Gerüchten um ihre schillernde Person bereicherte und immer wieder Anlass bot für Klatsch und Tratsch aller Art, zum Ausgangspunkt eines jahrhundertealten Vampirmythos, der auch auf der grünen Insel Irland inspirierend wirken sollte. Denn unsere Geschichte ist noch nicht vorbei. Der Vampir Barbara taucht nämlich noch ganz unverhofft an anderer Stelle auf:

Im 19. Jahrhundert begeisterte sich ein irischer Schriftsteller mit dem Namen Sheridan Le Fanu für die in jener Zeit so populären Schauergeschichten. Angeregt auch von Barbara und ihrer Legende schrieb er 1873 die Novelle „Carmilla, der Vampir", die Geschichte einer lesbischen Vampirin, die in der Steiermark spielt, wo sich auch das Schloss der Ahnen von Barbara von Cilli befindet.

Einige Jahre später war es wieder ein Ire, der den Vampirmythos wie kein zweiter bereichern sollte, Bram Stoker. Auch er kannte „Carmilla, der Vampir" und ließ sich inspirieren, immerhin sollte sein noch zu schreibendes Werk „Dracula" zuerst auch in der Steiermark spielen. Sein Vampir wurde der berühmteste von allen, zu dem Blutsauger schlechthin, den heute noch jeder kennt.

So schließt sich der Kreis. König Sigismund, Schirmherr des Konzils von Konstanz, gründete mit seiner Frau Barbara den Drachenorden. Dieser gab dem düsteren Grafen Dracula, dem berühmtesten Monster der Literaturgeschichte, seinen Namen. Die Königin wiederum mutierte zum Vampir und Jahrhunderte später inspirierte sie irische Schriftsteller, den modernen Vampirmythos um den transsilvanischen Grafen zu erdichten. Die Geschichte kann manchmal herrlich ironisch sein! Und wie sieht es heute mit den Wiedergängern aus? Gerne behaupten moderne Mitbürger unserer Tage, dass der Aberglaube im 20. und 21. Jahrhundert zumindest in unserer westlichen Zivilisation überwunden wurde, dass all dies ein Relikt früherer rückständiger Generationen sei. Vielleicht haben sie recht, vielleicht aber fürchten sich auch diese Menschen manchmal in der Nacht, in der Dunkelheit, vor den Kreaturen der Finsternis, auch wenn wir alle wissen, dass es keine Werwölfe, Vampire oder ähnliches gibt – oder doch?

Verbleiben wir noch etwas an diesen düsteren Gestaden und erfahren, wie Menschen früher bestraft wurden …

# ABGEHACKTE HÄNDE ÜBER DEN EINGANGSTOREN

## Abschreckung im Mittelalter

Zum üblichen Bild, das man sich über das Mittelalter macht, gehören die grausamen Bestrafungen in jener Zeit. Auch wenn es nicht immer so blutig zuging wie wir glauben mögen, steht doch fest, dass in früheren Jahrhunderten die Menschen schneller und härter bestraft wurden als heute. Z. B. gab es die Idee der Spiegelstrafen, die besagten, dass in der Strafe das vorausgegangene Verbrechen gespiegelt werden solle. Das Bibelzitat „Auge um Auge, Zahn um Zahn", das dieses Prinzip auf den Punkt bringt, fällt einem dabei sofort ein. Das bekannteste Beispiel für eine Spiegelstrafe ist wohl die Todesstrafe. Sie wird damit begründet, dass einem genau das widerfahren soll, was man einer anderen Person angetan hat.

Dabei darf man nie vergessen, dass harte Strafen oft das einzige Abschreckungsmittel waren. Die Justiz besaß keine professionellen Untersuchungsmethoden wie heute, meist war man auf Mutmaßungen angewiesen. Ein funktionierendes Polizeiwesen gab es ebenfalls erst sehr spät, genau genommen ab dem 20. Jahrhundert. Innere Sicherheit war damals zwar ein wünschenswerter Zustand, hatte mit der Realität aber nicht viel zu tun.

Man muss sich einmal vor dem geistigen Auge ausmalen, wie es vor Jahrhunderten in Konstanz zugegangen sein mag: Die Straßen waren eng und verwinkelt, die Nächte wegen mangelnder künstlicher Beleuchtung wirklich finster. Ein Dieb oder Räuber konnte schnell unerkannt im Gassenwirrwarr untertauchen oder ganz verschwinden. Und jetzt stelle man sich mal vor, wie das gewesen sein muss, als Konstanz zur Zeit des Konzils vor Menschen geradezu überquoll. Hatte die Stadt zu „Normalzeiten" vielleicht 6.000 Einwohner, schnellte die Zahl durch die Konzilbesucher ab 1414 für die nächsten vier Jahre auf durchschnittlich etwa 25.000! Dass es in dieser Enge immer wieder zu Streit, zu Raufereien bzw. zu Verbrechen aller Art kam, kann man sich leicht vorstellen. Umso erstaunlicher ist es, dass die Zeit des Konzils keineswegs von ständigen Gesetzesübertretungen und Bluttaten gekennzeichnet war. Auch gemessen an heutigen Verbrechensraten war das Konstanzer Konzil keineswegs ein Ort besonders schrecklicher Gewaltverbrechen, die fast jeden Tag stattfanden. Allerdings muss man bei diesen Vergleichen über Jahrhunderte hinweg berücksichtigen, dass es keine wirklich gesicherten kriminalistischen Daten über das Konstanz (oder andere Städte) jener Zeit gibt. Die vorhandenen Zahlen beziehen sich auf die vor Gericht

*Kreuzlinger Tor*

aktenkundig gewordenen Fälle. Die Dunkelziffer an Gesetzesverstößen lässt sich nicht sicher angeben.
Wie half man sich nun in Konstanz? Wichtig war die Abschreckung. Jedem Besucher sollte schon beim Betreten der Stadt unmissverständlich klargemacht werden, dass Verbrechen sich nicht lohnt, dass die Strafen hart und konsequent angewandt werden würden. Doch was nützen Tafeln, auf denen all dies nachzulesen ist, zumal in einer Zeit, als viele Menschen nicht lesen und schreiben konnten? Nein, die Warnungen mussten deutlicher und allgemeinverständlicher sein. So kam der Rat der Stadt auf die Idee, über manchen Eingangstoren der Stadt ein Brett aufzuhängen, an dem, mit langen Nägeln befestigt, abgehackte Hände von Dieben oder Gewaltverbrechern herunterhingen und vor sich hin faulten. Man kann sich gut vorstellen, dass diese verwesenden Hände auf die meisten Gäste ziemlich einschüchternd gewirkt haben müssen. Doch die Botschaft war klar und eindeutig: Wenn Du den Frieden der Stadt und des Konzils störst, werden wir keine Gnade walten lassen.

Die Zeit des Konstanzer Konzils war eine Zeit des Wandels. Dazu mehr in der nächsten Geschichte ...

*Pierre D'Ailli*

## GLOBALE VISIONEN AM SEE

### Wie ein französischer Kardinal in Konstanz als Hobbygeograph Weltgeschichte schrieb

Wir alle haben es im Geschichtsunterricht in der Schule gelernt und später immer wieder gehört, in Historienbüchern wie „Die Wanderhure", „Der Medicus" und ähnlichen gelesen oder in Fernsehdokumentationen gesehen: Die Menschen im Mittelalter waren sehr abergläubisch, fortschrittsfeindlich und zutiefst durchdrungen von unwissenschaftlichen Vorstellungen in Bezug auf sich selbst, die Natur und nicht zuletzt die Beschaffenheit des Universums. Man glaubte an Hexen und Zauberer, daran, dass sich die Pest durch den Pestilenznebel ausbreite und wahlweise von Gott als Strafe für die sündigen Menschen oder von Dämonen und Vampiren als Geißel für die gesamte Menschheit in die Welt gebracht wurde.

Doch das war noch nicht alles an abergläubischen Wahnvorstellungen in eben jenem „Dunklen Mittelalter": Die Nacht sei die Zeit der Geister und Dämonen, die die Menschen heimsuchen, quälen und manchmal sogar töten. Hexen könnten allerlei Schaden anrichten, zum Beispiel die Milch der Kühe verzaubern, so dass sie schwarze Milch gäben oder die Potenz des Ehemannes verschwinden lassen. Weit im Osten würden wilde Stämme wie „Gog und Magog" leben, die am Ende aller Zeiten, im Rahmen der Apokalypse die Ankunft des Antichristen vorbereiteten. Andere Völker des Orients wären nur menschenähnlich, sie hätten ihr Gesicht auf der Brust oder wären riesengroß. Die in Indien lebenden Astomoi sollen wilde Menschen ohne Mund gewesen sein, die sich ernährten, indem sie den Geruch gebratenen Fleisches und den Duft von Früchten und Blumen einatmeten. Weiter im Süden, wo es immer so unerträglich heiß sei, hätten die Menschen, die man Skiapoden nannte, einen einzigen übergroßen Fuß, um sich selbst Schatten zu spenden und somit vor der gleißenden Sonne zu schützen. Je weiter die Länder entfernt waren vom heimischen Europa, umso fantastischer wurde das Äußere ihrer Bewohner.

Man könnte die Liste noch beliebig fortführen, doch hier ist nur eine weitere Sache von hervorgehobenem Interesse, die Geographie. Auch das haben wir alle gelernt: Die Menschen des Mittelalters waren davon überzeugt, dass die Erde sich im Mittelpunkt des Kosmos befinde und dass sie flach wie eine Tischplatte sei. Die Erde als Scheibe, welch' lächerliche Vorstellung, wenn man das heutige Wissen zugrunde legt. Immerhin – auch diese Geschichte kennen viele von uns – musste Kolumbus gegen die Ängste ankämpfen, dass er und seine Mannen womöglich von der

Scheibe runterfallen würden, wenn sie zu weit nach Westen, zu nah an das Ende der Welt segeln würden. Und Fernando Magellan, Portugiese in spanischen Diensten, bewies durch seine Weltumseglung – der ersten der Menschheitsgeschichte –, dass die Erde in Wirklichkeit rund wie eine Kugel ist. Doch manchmal wird das scheinbar sichere Wissen über die Vergangenheit selbst zum Aberglauben, zum irreführenden Scheinwissen.

Die Wirklichkeit war doch ein bisschen anders. In der Tat glaubten die Menschen, dass die Erde der Mittelpunkt des Weltalls sei (geozentrisches Weltbild). Zwar vertrat schon der antike griechische Gelehrte Aristarchos von Samos die Idee, dass sich die Erde um die Sonne drehe (heliozentrisches Weltbild) und nicht umgekehrt. Doch dieses Wissen wurde im Mittelalter weitgehend verschüttet. Erst mutige Denker wie der Pole Nikolaus Kopernikus und insbesondere der Italiener Galileo Galilei setzten sich für die alte Idee der Sonne als Zentrum des Weltalls ein. Es sollte noch lange dauern, ehe speziell die kirchlichen Autoritäten dies anerkannten. Doch wie sieht es mit der Vorstellung der Erde als flaches Brett aus? In der Tat gab es auch diese Theorie schon in der Antike, auch wenn sie nur von wenigen Gelehrten vertreten wurde. Ihr Einfluss war sehr gering, was sicher damit zu tun hatte, dass die bedeutendsten Philosophen jener Zeit, allen voran Pythagoras, Platon und Aristoteles, sich eindeutig für die Kugelgestalt der Erde aussprachen.

Ab dem 6. Jahrhundert, dem beginnenden Mittelalter, existierten beide Theorien nebeneinander. Die Vorstellung von der Kugelgestalt setzte sich durch, was dadurch erleichtert wurde, dass von Anfang an die meisten Kirchenväter, Päpste, Bischöfe und Theologen die Theorie der Erde als Scheibe ablehnten. Denn über eine Sache muss man sich im Klaren sein: Auch wenn das Mittelalter nicht so fortschrittlich war wie unsere moderne Zeit, auch wenn die Wissenschaft, vor allem die Naturwissenschaft noch nicht frei von kirchlichen Dogmen forschen durfte, waren die Menschen damals nicht dumm. Sie nutzten ihre Sinne und ihre Vernunft und zogen daraus logische Schlüsse. Begehen wir nicht den Fehler, unsere Vorfahren zu unterschätzen und allzu schnell als tumbe Idioten darzustellen. Denn die Kugelgestalt der Erde lässt sich ohne allzu große Probleme und ohne technische Hilfsmittel relativ leicht beweisen. Folgende Methoden standen auch schon vor über tausend Jahren zur Verfügung:

1. Wenn man mit dem Schiff nach Süden fuhr, änderten sich die Sternkonstellationen. Wäre die Erde eine Scheibe, würden sich die Sternbilder nicht verändern bzw. keine neuen auftauchen. Man musste Seemann sein, um das zu beobachten, aber möglich war es.
2. Bei einer Mondfinsternis schiebt sich der Erdschatten vor den Mond.

Wenn dies geschieht, sieht man, dass der Schatten kreisförmig ist. Und welcher dreidimensionale Körper wirft als Schatten einen Kreis? Genau, es ist eine Kugel.

3. Was wohl viele von uns schon einmal erlebt haben: Wenn man an einem Meereshafen steht und sieht bei gutem Wetter ein Schiff sich nähern, erkennt man nicht von Anfang an das Schiff und es wird einfach nur größer. Nein, man beobachtet zuerst die Spitze des Mastes, dann den Mast und schließlich das ganze Schiff. Nur die Erde als Kugel ermöglicht dies.
4. Gehen Sie auf einen hohen Turm, z.B. das Konstanzer Münster. Einige behaupten, dass man bei gutem Wetter von dort aus die Stadt am anderen Ende des Bodensees sehen kann, das österreichische Bregenz. Gehen Sie nun runter an den Hafen, dann sehen Sie Bregenz nicht mehr, da der Erdbuckel dazwischen ist.

Dass all dies den Menschen im Mittelalter schon bewusst war, zeigen auch zahlreiche Darstellungen der Kaiser. Oft tragen sie als Zeichen ihrer kaiserlichen Macht sogenannte Insignien, das Reichszepter, die Krone und den Reichsapfel mit einem aufgesetzten Christenkreuz. Dieser Reichsapfel stellt … genau richtig, die Weltkugel dar. Wenn die Menschen früher wirklich davon überzeigt gewesen wären, dass die Erde flach sei, hätten die Kaiser sicher keinen Reichsapfel in der Hand gehabt, sondern wohl eher einen „Reichspfannkuchen".

Doch was hat all das mit Konstanz und seinem Konzil zu tun? Viel mehr, als man im ersten Augenblick denken mag. Denn Teilnehmer auf diesem bedeutenden Kongress war unter anderem Pierre d`Ally, oder auch Peter von Ally genannt. D`Ally war ein französischer Theologe und Kardinal, zweifellos ein sehr bedeutender Gelehrter seiner Zeit. 6 Jahre war er Kanzler der Universität von Paris, der renommiertesten Hochschule des Abendlandes im Spätmittelalter. Ursprünglich war er während des abendländischen Schismas Anhänger des Avignoner Papstes Benedikt XIII.

Als Gesandter auf das Konzil am Bodensee geladen, erkannte er jedoch schnell, dass nur ein neu zu wählender Papst die Spaltung der Kirche überwinden könne. Folgerichtig setzte er sich für den Rücktritt aller aktuellen Päpste ein, um den Weg für Neuwahlen freizumachen. Nicht wenige sahen in ihm den nächsten Papst auf dem Stuhl Petri. Er war zweifellos einer der Favoriten. Doch wie sagt ein altes Sprichwort in der katholischen Kirche so schön: Wer als Papst in das Konklave hinein geht, kommt als Kardinal wieder heraus. Bei d`Ally war dies nicht anders. Der neue Papst wurde Martin V. Doch wir greifen den Ereignissen voraus. 2 Jahre vor der Wahl beschäftigte sich das Konzil mit Jan Hus. D`Ally nahm an den Verhören des Böhmen teil und unterstützte dessen Verur-

teilung. In Fragen des rechten Glaubens war er unnachgiebig, auf anderen Wissensgebieten erlaubte er sich etwas mehr Freiheiten. Er war ein begeisterter Geograph und Astronom, der sich mit Hingabe diesen Themen widmen konnte. Unter anderem beschäftigte ihn die Frage nach der Größe der Erde. Dass diese eine Kugel sei, stand für ihn fest und bedurfte keiner weiteren Beweisführung. Auch der Umfang unseres Heimatplaneten wurde schon im Altertum von einem griechischen Denker namens Eratosthenes auf wenige Kilometer genau berechnet – ca. 40.000 km. Doch d`Ally stellte eigene Berechnungen an und kam auf einen anderen Wert. Laut seines Ergebnisses sei die Erde wesentlich kleiner, bei ihm kam sie nur auf 28.000 km Umfang.
Nun kann man sagen, dass dies doch keine tiefere Bedeutung im 15. Jahrhundert gehabt habe, es sei nur eine abstrakte, akademische Streitfrage gewesen, ohne jeden Bezug zum Alltag der Menschen. Doch auch hier irrt man schnell. D´Ally verband diese Erkenntnis nämlich mit einer konkreten Idee, der Erkundung eines Seeweges nach Indien über den westlichen Ozean.
Indien war für die Europäer des Mittelalters ein wahres Wunderland, ein Märchenreich im Osten. Es war – so glaubten sie – die reichste Region der Erde, die Heimat der teuersten Gewürze und Edelsteine mit riesigen Goldvorkommen. Dabei darf man nicht vergessen, dass die Europäer damals nur sehr wenig über die Welt wussten. Indien war deswegen auch nur ein vager Begriff. Alles Land hinter Persien und südlich Ägyptens war Indien, bisweilen sprach man auch von den drei Indien.
Wie dem auch sei, einen Haken hatte die ganze Sache: Indien war sehr weit weg, wie dort hingelangen? Es gab drei mögliche Routen:

1. Die Nordroute über das heutige Russland, damals Mongolenland, dann über das Himalayagebirge ans Ziel. Diese Reise wagte fast niemand. Sie war viel zu gefährlich, die Wege kaum erschlossen.
2. Die Südroute über den Nahen Osten, durch die Reiche der islamischen Herrscher. Christliche Händler auf dem Weg nach Indien wurden nicht geduldet. Speziell die Türken hatten diese Wege für alle Abendländer gesperrt. Den lukrativen Zwischenhandel mit den Luxuswaren des Fernen Ostens wollte man nicht aus der Hand geben. Auf diese Art wurde der Orient märchenhaft reich.
3. Seit Beginn des 15. Jahrhunderts suchten die Portugiesen den Seeweg über die Südspitze von Afrika, die es noch zu entdecken galt. Da aber niemand wusste, wie weit sich Afrika nach Süden erstreckte, war auch die Dauer der Reise unbekannt. Erst 1498 sollte Vasco da Gama auf diesem Weg in Indien ankommen, nach fast einem Jahr auf See.

Alle drei Optionen waren beschwerlich oder einfach nicht möglich. Doch es gab noch einen anderen Weg. Pierre d`Ally gehörte zu den wenigen, die das Unmögliche zu denken wagten – Indien erreichen, indem man mit dem Schiff nach Westen segelt, über den Atlantischen Ozean. Nach seinen Berechnungen lag Indien nur wenige Wochen zur See von der Westküste Spaniens entfernt. Der sagenhafte Reichtum lag zum Greifen nah, man musste sich nur auf das offene Meer hinauswagen, dann hätten die orientalischen Reiche das Nachsehen. D`Ally beschrieb diese Idee in seinem Buch „Imago Mundi".

Als er nun in Konstanz weilte, wohnte er als Mitglied der französischen Nation im Dominikanerkloster auf der Konstanzer Seeinsel, dem heutigen Inselhotel. Von der Schönheit des Ortes soll er sehr ergriffen gewesen sein. Wann immer seine knapp bemessene freie Zeit es zuließ, setzte er sich direkt an das Seeufer vor dem Kloster und betrachtete den sanften Wellengang des Sees. Eines Tages, während er mal wieder frühmorgens in Gedanken versunken über das Wasser nach Osten, in Richtung der aufgehenden Sonne blickte, versetzte er sich mit seinem geistigen Auge an die westlichen Gestade Spaniens. Er war plötzlich unerschütterlich davon überzeugt: Es müsse möglich sein, Indien von dort aus zu erreichen. Es bedürfe nur eines gewissen Mutes. Er stellte sich vor, wie ein Segelschiff sich auf den Weg machte, um Europa ein neues Tor zur Welt aufzustoßen. Welch' eine globale geschichtliche Vision, die der Franzose vor 600 Jahren hier am Ufer des Bodensees in Konstanz hatte.

80 Jahre später sollte diese Vision ein genuesischer Navigator in spanischen Diensten umsetzten – Christoph Kolumbus. Der Italiener hatte sich unter anderem auf die Schriften D`Allys berufen, um Unterstützung für seine Westexpedition zu erhalten. Doch die Kirche opponierte gegen die Pläne von Kolumbus. Allerdings nicht aus verbohrter Unwissenheit, wie man heute gerne glaubt zu wissen, sondern vielmehr, weil sie die Sachlage vollkommen richtig einschätzte. Die höchsten Vertreter der katholischen Kirche in Spanien warfen Kolumbus vor, dass er – genauso wie d`Ally – den Erdumfang falsch berechnet habe. Die Erde habe einen Umfang von 40.000 km. Der Italiener würde mit seinen Schiffen niemals in Indien ankommen, der Ozean sei viel zu groß. Sie wären schon längst verdurstet, lange bevor sie Festland erreichten. Kolumbus hielt an seinen und d`Allys falschen Berechnungen fest, erhielt vom spanischen Königshaus schließlich die erhoffte Unterstützung und entdeckte Indien nicht! Vielmehr landete er, das weiß wirklich jedes Kind, in Amerika und nannte die Ureinwohner Indios/Indianer, da er glaubte, in Indien gelandet zu sein. Dies war der Ausgangspunkt der Eroberung eines ganzen Kontinents durch die Europäer, verbunden mit all dem Leid für die „wahren" Amerikaner. Spanien wurde zum Weltreich, das Abendland brach aus seiner mittelalterlichen Enge aus und entdeckte die Welt.

Doch welch eine Ironie der Geschichte: Die Kirche rechnete richtig und zog auch die richtigen logischen Schlüsse mit dem falschen Ergebnis.

Kolumbus und d`Ally rechneten falsch, zogen daher auch die falschen Schlüsse mit dem richtigen Ergebnis – auch wenn nicht Indien, sondern ein ganz neuer Kontinent entdeckt wurde. Die Überquerung des westlichen Ozeans war möglich und sie leitete ein neues Zeitalter der Menschheitsgeschichte ein.
Weitere Jahrhunderte später, vor allem ab dem 19. Jahrhundert, verbreitete sich das Märchen vom mittelalterlichen Glauben an die Erdscheibe, genährt durch die Absicht, jene Epoche als finster und primitiv zu stigmatisieren. In der Tat hält sich dieses Scheinwissen hartnäckig in den Köpfen vieler Menschen unserer Tage. Und auch wenn das Mittelalter keineswegs mit den romantischen Bildern verwechselt werden darf, die Mittelaltermärkte oder Fantasyromane von jener Zeit vermitteln, so muss doch auch eines immer wieder betont werden: Das Mittelalter war vieles, aber nicht finster, sondern in vielerlei Hinsicht eine sehr bunte Zeit, die selbstverständlich auch Kriege, Hungersnöte und Seuchen kannte, doch welche Epoche der Menschheitsgeschichte kennt diese Plagen nicht? Und ist es nicht viel wahrscheinlicher, dass zukünftige Generationen das 20. Jahrhundert als „Finsteres Mittelalter“ bezeichnen werden?
Doch darüber können wir nur spekulieren. Fest steht, dass während des Konstanzer Konzils der französische Gelehrte Pierre d`Ally am Bodenseeufer diese in die Zukunft weisende Vision hatte, die sich als wahrhaft geschichtsträchtig erweisen sollte. Manchmal spiegelt sich die Geschichte der großen weiten Welt in der kleinen Geschichte einer Stadt wie Konstanz – und manchmal auch im Wasser des Bodensees.

Verlassen wir nun die Welt der philosophischen Spekulation und wenden uns den fleischlichen Gelüsten zu ...

# IMPERIA – UNVERGESSEN ALS WUNDERSCHÖNE KURTISANE

## Wie eine Hübschlerin nie nach Konstanz kam und doch auf dem Konzil ihrem Gewerbe nachging

Wer schon einmal am Konstanzer Hafen stand, hat sie nicht übersehen können. Direkt an der Hafeneinfahrt steht die weltweit größte Statue, die einer Prostituierten gewidmet ist. 9 Meter ist sie hoch, 18 Tonnen schwer und dreht sich in drei Minuten einmal um die eigene Achse. Dabei fällt nicht nur dem männlichen Auge auf, dass diese Frauenfigur durchaus ansehnlich ist. Sie geizt mit ihren Reizen nicht, hat entsprechende Rundungen und ein Dekolleté, um das sie nicht wenige Geschlechtsgenossinnen beneiden. In der Tat ist hier nicht irgendeine namenlose, vergessene Prostituierte früherer Jahrhunderte verewigt worden. Sie soll auch nicht nur stellvertretend für all die unbekannten Liebesdienerinnen stehen, die die Geschichte schon gesehen hat. Nein, diese Figur aus Beton stellt die wohl berühmteste Hübschlerin ihrer Zeit dar. Ihr Name ist auch weit über die Grenzen von Konstanz bekannt – seit Jahrhunderten nennt man sie Imperia! Da steht sie nun, die Vertreterin des horizontalen Gewerbes ausnahmsweise mal in der Vertikalen, und kann nicht anders. Doch blicken wir mal hinter die Fassade, es lohnt sich, die Geschichte der Imperia und die Legenden, die sich um sie im Laufe der Jahrhunderte gesponnen haben, zu erzählen, damit ein Stück unserer Vergangenheit wieder lebendig wird, damit wir begreifen, woher wir kommen.

Wenn ein Gast in die schöne Stadt am See kommt und einen Einheimischen fragt, was es denn mit der schönen Dame am Hafen auf sich hat, hört er meist die gleiche Geschichte: Zur Zeit des Konzils, als nicht nur hohe geistliche und weltliche Herren Konstanz besuchten, sondern auch Händler, Handwerker, Gaukler und allerley anderes buntes Volk, blieb es natürlich nicht aus, dass auch die Frauen der käuflichen Liebe geradezu in Massen in die Stadt strömten. Von den allerwenigsten dieser Damen sind uns Namen oder andere biographische Daten bekannt. Meist verschwanden sie im Dunkel der Geschichte, aus dem sie gekommen waren. Doch eine war weit über die Grenzen von Konstanz hinaus bekannt – eben jene Imperia. Sie war keine Einheimische, sondern eine Prostituierte aus Italien. Und sie war selbstverständlich nicht irgendeine – um es in einem modernen Jargon auszudrücken – „Hafenschlampe“, nein, sie war die berühmteste Hübschlerin ihrer Zeit. Intelligent, eloquent und wunderschön soll sie gewesen sein. Man erzählte sich, dass sie „im Land, wo die Zitronen blühen“, die Mätresse von hohen Adligen und Klerikern gewesen war. Man bezeichnete sie daher als „Kurtisane“, eine Art Edelprostituierte, die es durch ihren Beruf zu erheblichem Wohlstand gebracht haben soll. Auch wenn dieser Begriff im 21. Jahrhundert allmählich in Vergessenheit gerät, umschreibt er besser als jeder andere, dass Imperia eine ganz besondere Dame ihres Standes war. Die berühmteste Renaissancekurtisane ihrer Zeit eben.

Mit bürgerlichem Namen hieß sie laut der Quellen ihrer Zeit Lucrezia de Paris, Imperia war lediglich ihr „Künstlername", auf Deutsch „Herrscherin". Ob damit gemeint war, dass sie ob ihres Liebreizes die männlichen Gelüste – und damit die Männer – beherrschte?

Wie dem auch sei, als das Konzil in Konstanz tagte, soll sich nun auch Imperia auf den Weg gemacht haben. So viele mächtige Würdenträger mit entsprechend dicken (Geld)beuteln waren natürlich ein wahres Eldorado für sie und viele weitere Damen ihres Gewerbes. Sie soll einigen Männern, vor allem den geistlichen, den Kopf verdreht haben. Im 19. Jahrhundert hat ein französischer Schriftsteller diese Geschichte in seinen eigenen blumigen Worten erzählt. Honore de Balzac veröffentlichte in den 1830er Jahren eine Sammlung von Erzählungen mit dem Titel „Tolldreiste Geschichten". Eine dieser Erzählungen war die frivole Geschichte der Imperia auf dem Konzil von Konstanz („La belle Imperia"), in der Balzac beschreibt, dass die schöne Italienerin während ihres Aufenthaltes am Bodensee die Geliebte von „Kardinälen, Würdenträgern, Fürsten und Markgrafen" gewesen sein soll. Durch ihren Einfluss auf die Männer wurde sie zur Strippenzieherin im Hintergrund, zur heimlichen Herrscherin (!) des Konzils. Jeder warb um die Gunst der Kurtisane, vor allem die sonst besonders innbrünstig Tugendhaften, die selbsternannten Wächter von Sitte und Anstand tanzten nach ihrer Pfeife und vergaßen all ihre moralischen Vorstellungen und ihre Gelübde. Imperia war der wahre „Star" des größten mittelalterlichen Kongresses. Man kann sich vorstellen, dass solche Geschichten schon immer gut beim Volk ankamen, denn sie zeigen die Doppelmoral auf, die bisweilen auch in Kirchenkreisen zu finden sind. Speziell jene Tugendwächter, die mit dem erhobenen Zeigefinger ihre Mitmenschen zu einem sittenstrengeren Leben ermahnten, sah man gerne tief fallen und zu einfachen Sündern mutieren.

Doch damit endet die Geschichte über die schöne Imperia bei Balzac noch nicht. Er beschreibt, dass auch ein armes, junges „Pfäfflein" sich in die Kurtisane verliebte und diese seine Gefühle sogar erwiderte. Sogar einen reichen Kirchenfürsten ließ sie für den hübschen Knaben stehen – auch Imperia hatte ihre schwachen Seiten und erlag der Schönheit und dem Liebreiz des jungen Mannes. Selbstverständlich wollte so etwas das Publikum auch lesen: Eine sinnenfreudige Imperia und ein kleiner Priester als wahre „Helden" dieser Geschichte, eine Erzählung für das Herz – warum hat Hollywood noch keinen Kinofilm darüber produziert?

Doch zurück zur Imperia, zurück nach Konstanz. Diese Dame aus Ita-

lien war also als berühmteste Mätresse jener Zeit in Konstanz und hat die Männer um deren Verstand gebracht. Später wurde sie auch immer wieder beschimpft als Pfaffenmetze (Metze war damals ein weiteres übliches Wort für Prostituierte) oder als Große Babylonische Hure.
Doch auch wenn alles so schön klingt und wunderbar in das Bild passt, dass man sich von Konstanz und jener fernen Zeit macht, möchten wir nun den Schleier der Legende etwas anheben und uns der historischen Wahrheit nähern. Zwar glauben viele Konstanzer, dass die Imperia hier am Bodensee war, und erzählen diese Geschichte bereitwillig den Besuchern der Stadt, aber die Wirklichkeit sieht anders aus. Auf die Gefahr hin, manche Zeitgenossen zu enttäuschen, muss man festhalten, dass die Imperia niemals hier in Konstanz war. Und auf dem Konzil ist sie ganz sicher nie erschienen – sie lebte 100 Jahre später.
Die historische Imperia erblickte das Licht der Welt 1485 in Ferrara, Italien – 70 Jahre nach dem Konzil. Als junge Frau ging sie nach Rom, wo sie schnell von Männern umschwärmt wurde. Dabei bestach sie nicht nur durch ihren äußerlichen Liebreiz, sondern auch durch ihren vornehmen Lebensstil, ihre Weltklugheit und ihre geistigen Begabungen – sie war eben nicht nur hübsch, sondern strahlte auch eine Schönheit von innen aus. Sie wurde – wie bereits beschrieben – zur berühmtesten Renaissancekurtisane, deren Ruf die Grenzen Italiens sprengen sollte. Ob Kardinäle, Großbanker oder Künstler, sie alle warben um die Gunst der schönen Imperia. Sie soll darüber hinaus Einfluss genommen haben auf manche Personalentscheidungen römischer Kardinäle. Es war ratsam, sich ihre Gunst zu erwerben, denn sie war den Mächtigen in einem doppelten Wortsinne sehr nahe.
Darüber hinaus wird berichtet, dass sie selbst wohl eine künstlerische Ader hatte. Sie soll gedichtet und komponiert haben, aber leider ist nichts davon erhalten. Sie muss eine faszinierende Frau gewesen sein und man sollte sie nicht auf ihre Rolle als Prostituierte reduzieren. Man würde den Zauber zerstören, der von dieser Frau ausgeht.
Jung soll sie gestorben sein, mit gerade mal 26 Jahren verließ sie 1511 diese Welt für immer, um für die Nachwelt – und ganz speziell für die Konstanzer – unsterblich zu werden. Balzac setzt ihr 300 Jahre später ein schriftstellerisches Denkmal, mit dem sie in die Weltgeschichte der Literatur einging. Weitere gut 150 Jahre später setzten die Konstanzer bzw. der Künstler Peter Lenk ihr ein Denkmal aus Stein und Beton. Vorangegangen war ein langer Konkurrenzkampf zwischen den Bodenseestädten Lindau und Konstanz. Als in den 1850er Jahren die Lindauer in ihre Hafeneinfahrt eine prächtigen bayerischen Löwen aus Stein stellten, blickten die Konstanzer voller Neid auf die Stadt am anderen Ende des Sees. Der Löwe war in aller Munde und die alte Konzilstadt hatte nichts Vergleichbares in ihrem Hafen zu bieten. Zugegebenermaßen, es dauerte

ein bisschen, aber 1993 wurde schließlich die Imperia aufgestellt. Nun sprachen alle von dieser Dame und keiner interessierte sich mehr für diesen angestaubten Löwen von Lindau. Nun sind es die bayerischen Seehasen, die Konstanz ihre Hübschlerin neiden. Warten wir mal ab, wie lange die Lindauer wiederum brauchen, um sich etwas Neues einfallen zu lassen. Die historische Imperia hätte dieser Streit sichtlich gefallen, immerhin war sie es gewohnt, im Mittelpunkt des Interesses zu stehen.
Als die Figur nun im April 1993 am Konstanzer Hafen aufgestellt wurde, ging ein Raunen durch die Bürgerschaft und durch den Gemeinderat. Manche erfreuten sich an dieser neuen Attraktion und „verliebten" sich spontan in die hübsche Italienerin. Andere allerdings empörten sich, dass einer Prostituierten ein solches Denkmal gesetzt wurde. Und nicht nur das: Die zu Stein gewordene „Sünderin" hält zwei kleine dicke, nackte Männer auf ihren mit den Handflächen nach oben gestreckten Handflächen – in der einen den Kaiser des damaligen Konzils, den Luxemburger Sigismund, in der anderen den 1417 frisch gewählten Papst Martin V. Dass eine Kurtisane den Kaiser auf Händen trägt, mag ja noch angehen, immerhin sind die Kaiser selten heilig gewesen und haben sich nicht einem zölibatären Leben verschrieben. Aber die Päpste taten – und tun – dies schon. Wie kann eine Prostituierte in so unverschämter Art und Weise am wahrsten Sinne des Wortes den Heiligen Vater auf den Arm nehmen. Nun – sie tut es einfach bzw. ihr geistiger Vater, der in Bodman lebende Künstler Peter Lenk, der für seine provokante Kunst allgemein bekannt und bisweilen gefürchtet ist, wollte es so. Übrigens soll die gut gebaute Imperiafigur seiner Frau Bettina nachempfunden sein. Wollen wir für ihn hoffen, dass er dafür nicht allzu viel Fantasie benötigte.
So waren zu Beginn die Stimmen derjenigen nicht leise, die forderten, dass dieser Schandfleck wieder entfernt werden müsse, doch durchgesetzt haben sich die anderen, die hinter bzw. vor der Imperia stehen und wollen, dass sie bleibt. Je nachdem, welchen Standpunkt man selbst einnimmt, siegte entweder eine moderne, weltoffene Haltung oder eine unmoralische-verlotterte Einstellung ohne Rücksicht auf Traditionen. Doch wie auch immer man zu diesem Kunstwerk stehen mag, eines steht auf jeden Fall fest: Die Imperia ist mittlerweile eine der Hauptsehenswürdigkeiten des Konstanz unserer Tage. Wann immer jemand ein Buch oder eine Zeitschrift über Konstanz kauft, ist auf dem Titelblatt entweder das Münster, die alte ehrwürdige Bischofskirche, oder eben die Sündendame Imperia abgebildet. Die allermeisten Konstanzer haben sich mittlerweile an ihre vollbusige Hafeneinfahrtsfigur so sehr gewöhnt, dass sie nicht selten geradezu liebevoll als „Freiheitsstatue von Konstanz" bezeichnet wird (diesen Titel erfand übrigens die „Neue Zürcher Zeitung"). Jetzt könnte man einwenden, dass dieser Titel dann doch sehr anmaßend ist, immerhin ist die wahre Freiheitsstatue von New York un-

gleich viel bekannter und bedeutender als die Imperia, wie auch New York viel berühmter als Konstanz ist. Das ist sicherlich richtig, stört aber die Konstanzer wenig. Und bei einer Sache sind sich wohl alle, vor allem die Männer, einig, die Dame Liberty ist viel bekannter, aber dafür ist unser frivoles Frauenzimmer viel schöner als die etwas „zugeknöpfte" New Yorkerin …

Selten hat eine Dame der Renaissance resp. der Vergangenheit solch eine nachhaltige Wirkung bis in unsere Tage gehabt. Vergessen wir also nie Geschichte und Legende der schönen Imperia! Auch wenn sie nicht in Konstanz war und erst 100 Jahre nach dem Konzilstreiben lebte, steht sie sowohl literarisch als auch physisch für all die unbekannten, namenlosen Hübschlerinnen, die vor 600 Jahren hier am Bodensee ihre besonderen Dienste anboten, um für nicht wenige Männer deren Besuch in der Metropole am See etwas zu versüßen oder vielleicht sogar zu einem gänzlich unvergesslichen Erlebnis werden zu lassen.

Und wer weiß, vielleicht werden Sie, geneigter Leser, eines Tages mal bei einer beliebten Quizshow des Deutschen Fernsehens auf dem Kandidatenstuhl sitzen und versuchen, die Million zu „erwissen" oder erraten. Dabei könnte womöglich die 16.000 Euro-Frage lauten: „Wo befindet sich weltweit die höchste Statue, die eine Dame des ältesten Gewerbes der Welt zeigt?" Spätestens jetzt kennen Sie die richtige Antwort – und bitte lassen Sie es die Autoren wissen, wenn Sie dann bis zur Millionenfrage vorgedrungen sind.

So schwer es uns fällt, verlassen wir nun diese schöne Frau und begegnen einem gefährlichen Mann ...

# RAUBRITTER JÖRG VON ENNE

## Ja so war'n die alten Rittersleut'

Haben wir heute zumeist ein Bild edlen Rittertums, verbreitete einst jedoch so manches Domizil der hohen Herren eher Angst und Schrecken. Burg Grimmenstein war eine prächtige Burg bei Rorschach. Auf einem Grat hoch über dem Bodensee wurde sie bergseits durch einen Graben geschützt. Ein mächtiger Wohnturm aus Sandstein, der im Grundriss etwa 15 x 15 Meter maß, hatte bis zu drei Meter dicke Mauern, dies sich auf über vier Stockwerke auftürmten. Unterhalb der Burg schloss sich ein Burghof mit Wohn- und Ökonomiegebäuden an. Nachdem die Familie Grimmenstein ausstarb, übernahmen die Freiherren von Enne aus Südtirol das Anwesen.

Zur Zeit des Konstanzer Konzils waren die Brüder Wilhelm VI. und Georg II., auch Jörg von End genannt, Herren zu Grimmenstein. Beide betätigten sich kräftig als Raubritter um ihren gehobenen Lebensstandard zu halten. Der Begriff des Raubritters ist erst in neuerer Zeit entstanden. Im Mittelalter war das Austragen von Fehden fester Bestandteil des ritterlichen Lebens. Da die Brüder jedoch zunehmend Handelsreisende überfielen, gerieten sie bei den Städten in Ungnade und der Begriff ist im heutigen Sinne sicher zutreffend.

Weil die Gunst ihres Lehnsherrn, Herzog Friedrich „mit den leeren Taschen“ von Österreich zu sinken begann, traten sie am Konstanzer Konzil 1415 ins Gefolge von König Sigismund über. Leider verfolgten sie ihr „Hobby“ des Raubrittertums weiterhin. Sie überfielen Reisende auf dem Weg von und zu dem Konstanzer Konzil. Im Frühling 1416 gipfelte die Durchtriebenheit der Brüder im Überfall auf ein Handelsschiff auf dem Bodensee durch ihre Schergen. Das Schiff war im Besitz der Bürger von Konstanz und Feldkirch und war reich mit Korn beladen. Jörg von Enne wurde gleich in Konstanz verhaftet. Einer seiner Häscher wurde auf der Flucht ergriffen und im See ertränkt. Die Herren von Enne konnten ihr Leben vor der Richtbank nur dadurch retten, dass sie die Burg Grimmenstein an die Stadt Konstanz überschrieben. Wütende Bürger brannten die Burg daraufhin nieder und schleiften die Reste bis auf den Grund. Über Jahrhunderte war von der Burg nichts mehr zu sehen. Erst um 1936 wurde sie teilweise wieder ausgegraben und gesichert.

Jörg von Enne schloss sich nach dieser Schmach dem Deutschritterorden an um für diesen in Polen zu kämpfen. Seine Rachegedanken ließen ihn jedoch nicht los. Bald schon kehrte er zurück um seinen Gelüsten Befriedigung zu verschaffen. 1425 entführte er mit Komplizen zwei Kon-

stanzer Bürger auf die Burg Rappoltstein im Elsass, um ein Lösegeld zu erpressen. Während dem Sohn die Flucht gelang, wurde der Vater so misshandelt, dass er in seiner Gefangenschaft starb.
Die Stadt Konstanz und die mit ihr verbündeten Städte erklärten Jörg von Enne daraufhin den Krieg. Dies war der Auslöser für eine lange Auseinandersetzung zwischen dem Adel und den Städten in Süddeutschland, der einige Jahre andauern sollte. Das Hofgericht zu Rottweil verhängte über die am Überfall Beteiligten die Acht, womit sie ihre Rechtsfähigkeit verloren und von jedermann getötet werden durften. Ein Friedensschluss im Jahre 1426 war nur von kurzer Dauer. Erst 1431 wurde dieser erneuert und hielt stand.
Nach 1432 ist von Jörg von Enne nichts mehr zu hören. Vermutlich hat der finstere Geselle erst in seinem Tod um 1436 seinen inneren Seelenfrieden wiedergefunden. Ruhe er in Frieden.

Kommen wir nun zu einem anderen Wegelagerer ...

# DER TEUFEL KOMMT VOM KONZIL

**Wie der Teufel auf dem Konzil zu Konstanz zu einem vollen Geldsack kam**

Als vor 600 Jahren das große Konzil in Konstanz abgehalten wurde, lockte dies Menschen aller Stände und Berufe an, darunter auch die Damen des ältesten Gewerbes der Welt. So gab es eine große Menge solch „niederer" Frauen, die, aus Nah und Fern kommend, ihr Glück – oder besser einen dicken Geldbeutel – zu finden hofften. Welch ein sündiges Treiben inmitten dieser bedeutendsten Kirchenversammlung ihrer Zeit. Doch die Versuchung beschränkte sich nicht nur auf die Stadt. Auch im Umland lauerte Gefahr für Leib und Seele.

Eines Tages lief nun ein Mann über ein Feld bei Wintherhaur, einer Stadt in der heutigen Schweiz. Über nichts Besonderes nachsinnend, fiel diesem Mann eine Person auf, die sich aus Richtung der Stadt Konstanz kommend, ihm näherte. Bei genauerem Hinsehen erkannte er, dass es sich um eine Frau handeln müsse – dieser grazile Gang konnte nur einem schönen Weibe gehören. Und in der Tat, als die Fremde schließlich vor ihm stand, war er entzückt. Noch nie zuvor hatte er solch ein schönes, liebreizendes Frauenzimmer gesehen. So war er ihr sehr zugetan und merkte, wie sein Herz schneller schlug. Das rasende Fieber des Verliebtseins hatte von ihm Besitz ergriffen und drohte ihn zu verbrennen. Er war sofort in Leidenschaft zu diesem fremden Wesen entfacht und konnte den Blick nicht von ihr abwenden.

Die junge Frau reizte ihn zusätzlich mit kecken Posen und anzüglichen Blicken. Offensichtlich wollte sie ihn zur Sünde verleiten. Er näherte sich ihr, sprach sie an und fragte sie, woher sie käme. Sie schaute ihm tief in die Augen und antworte voller Selbstbewusstsein: „Ich komme vom Konstanzer Konzilium." Als sie dies sagte, griff sich die Frau an die Seite, wo ein sichtlich voller Geldsack hing. Ungläubig schaute der Mann darauf und kam ins Grübeln. Er fragte sich, wer genau diese Fremde sei und woher sie so viel Geld habe. Er wurde misstrauisch. Dies bemerkte die junge Schönheit, woraufhin sie ihm, den Kopf leicht in den Nacken legend, kess ins Gesicht lachte. „Und das Gold habe ich mir mit meinem schönen Körper verdient", belehrte sie den verdutzt und mit offenem Mund dastehende Mann. Kaum hatte sie diese Worte ausgesprochen, verschwand sie von einer Sekunde auf die andere. Dass all dies aber keine bloße Einbildung oder eine Art Fata Morgana gewesen sein kann, bewies der übel nach Schwefel stinkende Dampf, der genau an der Stelle just in dem Moment auftauchte, als die Schöne verschwand.

Da erkannte nun der Fremde, wessen Bekanntschaft er gerade gemacht

*Vogelschau von Konstanz 1548*

hatte. Er hatte schon öfters davon gehört, dass der Teufel sich als schöne Frau tarne und nichtsahnende Männer auf diese Art verführe, aber erlebt hatte er es zum Glück bisher noch nie.
Welch ein Glück hatte dieser Mann auf einem Feld bei Wintherhaur, dass ihn der Leibhaftige nicht verführt und damit seine unsterbliche Seele geraubt hatte. Der Fürst der Finsternis konnte aber mit seinem „Raubzug" in Konstanz sicherlich zufrieden sein.

Widmen wir uns nun einer neuen Geschichte, in der eine Eule die Hauptfigur ist ...

*Münster mit Pfalzgarten*

# DIE EULE IM MÜNSTER

## Wie der Vogel der Weisheit zu Beginn des Konzils getötet wurde

Während des Konzils war das Konstanzer Münster „Unserer Lieben Frau“ der Haupttagungsort dieses wichtigsten Kongresses der Christenheit im Spätmittelalter. Damals hatte diese Kirche noch eine andere Bezeichnung. Da sie der Sitz des Bischofs von Konstanz war, durfte sie Kathedrale genannt werden, was sich von dem griechischen Wort cathedra, auf Deutsch Stuhl bzw. Sitz, ableitet. Die Franzosen haben diese Titeländerung nie vollzogen und nennen daher unsere Kirche noch heute „la cathedrale de notre dame constance“, was irgendwie poetischer klingt als das nüchterne deutsche „Konstanzer Münster“.
Als das Konzil nun 1414 in Konstanz einberufen wurde, versammelten sich die Teilnehmer zum Eröffnungsgottesdienst in der alten Bischofskirche. Als das Lied „Veni Creator Spiritus“ angestimmt wurde, bemerkten einige Anwesende, dass eine große Eule über den Köpfen der Singenden umherflog. Sie hatte sich wohl im Dachstuhl des Münsters eingenistet. Diese Störung des Gottesdienstes wollte man nicht hinnehmen und beauftragte die Kirchendiener, den Vogel zu fangen. Mit großer Mühe gelang dies auch und die Eule wurde wegen ihres Frevels, das Konzil gestört zu haben, auf der Stelle getötet.
Als dies geschehen war, begannen sich einige Betende voll Sorge zuzuflüstern: „Siehe da, der Heilige Geist in Gestalt einer Eule! Und er wurde erschlagen.“ War die Eule nicht seit jeher ein Symbol für Weisheit? Schon im alten Athen wurde sie als weises Tier verehrt. Sie war das Begleittier der Athene, Göttin der Weisheit. Noch heute befindet sich auf der Rückseite der griechischen 1-Euro-Münze ein Bild eben jenes Tieres. Den Spruch „Eulen nach Athen tragen“ verwendet man noch heute, um auszudrücken, dass eine bestimmte Handlung überflüssig sei.
Und ein solches Tier wurde nun in Konstanz zu Beginn des Konzils getötet. Die Symbolik spricht für sich: Die versammelte hohe Geistlichkeit tötet die Weisheit. Manche sahen darin ein böses Omen. Spätere Generationen verbanden dieses dunkle Vorzeichen mit dem Verbrechen der Verbrennung von Jan Hus im Jahr darauf. Gelang die Reform der Kirche nicht, da Machtinteressen und Intrigen über die Weisheit triumphierten?

Wir verweilen noch etwas bei der Vogelschau und beobachten gleich eine Vogelschar, die die Papstwahl zu Konstanz „kommentierte“…

*Papst Martin V.*

# VON VOGELSCHAREN UND DER PAPSTWAHL

## Wie Vogelscharen die Papstwahl auf dem Konzil „kommentierten"

Schon im Altertum waren die Menschen davon überzeugt, dass man aus der Beobachtung und Interpretation des Verhaltens von Vögeln – vor allem während des Vogelflugs – den göttlichen Willen erkennen könne. Insbesondere glaubte man, aus der Vogelschau die Zustimmung oder Ablehnung der Götter zu einer geplanten oder bereits vollzogenen Handlung herauslesen zu können. Im alten Rom wurden zu diesem Zweck Kultbeamte, die sogenannten Auguren, eingesetzt, die in solchen Praktiken besonders geschult waren.

Als sich im Laufe der Jahrhunderte das Christentum immer mehr in Europa ausbreitete, wurden diese alten, heidnischen Rituale unterdrückt und verboten. Doch wie so häufig in der Geschichte verschwinden derartige Vorstellungen nie vollständig, auf die eine oder andere Weise tauchen sie manchmal ganz unerwartet an anderen Stellen wieder auf. So blieb auch über Jahrhunderte die Idee lebendig, dass das Beobachten von Tieren, speziell Vögeln, Auskunft geben könne über Gegenwärtiges und Zukünftiges.

Im Jahr 1417 wurde nun in Konstanz im Rahmen des Konzils die Papstwahl vorbereitet. Stattfinden sollte sie im Kaufhaus am Hafen – heute bekannt unter dem Namen Konzilsgebäude. In der Nacht, bevor die Fürsten und Kardinäle sich in langen Prozessionszügen zum Kaufhaus begaben, beobachtete das Volk dabei merkwürdige Vorgänge am Hafen. Das Kaufhausdach sei über und über mit Krähen, Raben, Dohlen, Elstern und anderen derartigen Vögeln übersät gewesen. Mit diesen Tieren war eine besondere Symbolik verbunden: Sie waren alle Vögel mit eher dunklem Gefieder, das ihre Bedeutung unterstrich. Elstern galten als Hexentiere und Todesboten und genauso wie Krähen als Galgenvögel, d.h. als Aasfresser hielten sie sich gern in der Nähe von Hinrichtungsstätten auf.

Raben und Krähen waren im Volksglauben Begleiter des Teufels, noch heute umweht speziell den Raben eine Aura des Unheimlichen. Als die Menschen all diese Vögel am Kaufhaus sahen, harrten sie angesichts dieser Vorzeichen voller Sorge der Dinge, die in den nächsten Tagen kommen mögen.

Doch nun änderten sich die Zeichen am Himmel. Am nächsten Tag, als die Papstwähler das Gebäude betraten, war keiner dieser düsteren Vögel mehr zu sehen. Ein göttlicher Fingerzeig, dass alles gut werden würde? Drei Tage später, am 11. November, hatte die Christenheit einen neuen Papst, der sich nach dem Schutzheiligen des Tages Martin V. nannte. Das berühmte „habemus papam“ erschall über den Platz vor dem Kaufhaus, die frohe Botschaft verbreitete sich in Windeseile in Konstanz und Umgebung und schließlich in der ganzen Welt. Und wie reagierte die Tierwelt? Als Martin gewählt worden war, lag wie so oft im Herbst dichter Nebel über Stadt, der sich mittags lichtete. Sofort kamen unzählige Scharen von Meisen, Buchfinken, Rotkelchen, Blaumeisen und viele weitere Singvögel angeflogen – die Menschen schätzten, dass es über 2000 gewesen sein müssen – und ließen sich auf dem Kaufhausdach nieder. Zum Schluss waren es so viele, dass auf dem Dach jede Stelle besetzt war. Die Menschen wunderten sich, viele atmeten erleichtert auf. Waren Singvögel mit ihrem bunten Gefieder nicht seit jeher Glücksboten? Wie es schien, hatte der Himmel seine Zustimmung zur Papstwahl auf diese Weise ausgedrückt. Mal wieder hatten die Menschen den Vogelflug beobachtet, um den göttlichen Willen zu erkennen und zu verstehen. Verständlicherweise wehrte sich die Kirche in jener Situation nicht gegen die Anwendung dieses heidnischen Ritus.

Wir bleiben noch kurz bei der tierischen Seite des Konzils und begegnen Hunden und Katzen …

## VON TOTEN HUNDEN UND SCHMUTZIGEN GASSEN

**Das Mittelalter stank wirklich bis zum Himmel**

Der Volksmund spricht gerne von „Finsteren Mittelalter“. Dabei war jenes Zeitalter zwischen Antike und Neuzeit alles andere als dunkel und finster, es war in vielerlei Hinsicht eine durchaus freudestrahlende Zeit, wohl wissend, dass es auch Kriege, Hungersnöte und Seuchen gab – doch das war keineswegs das „Privileg“ des Mittellalters. Natürlich darf man auch nicht den Fehler begehen und jene fernen Jahrhunderte zwischen 500 und 1500 idealisieren. Gerne gehen die Menschen des 21. Jahrhunderts auf Mittelaltermärkte, um in vergangene Zeiten einzutauchen. Auch das entspricht nicht unbedingt den geschichtlichen Realitäten unserer Altvorderen. Doch eines war das Mittelalter ganz gewiss – schmutzig!

In einer Zeit, als es noch kein funktionierendes Kanalisationsnetz, noch keine modernen Hygienestandards gab, war die Straße der natürliche Mülleimer – auch wenn dies schon damals verboten war. Dazu gab es spezielle Entsorgungsgräben mit Fäkalienrinnen in der Mitte, deren Reinigung eine gemeinschaftliche Aufgabe darstellte. Vor allem mit dem Unrat hatte man seine liebe Mühe. Die „Schißgrub“, ein erkerartiger Anbau an den Häusern, war da schon die Luxusvariante, von der aus man sein Geschäft direkt auf die Straße verrichten konnte. Wer sich solch eine Vorrichtung nicht leisten konnte, griff zum gerne verwendeten Nachttopf, den man einfach auf die Straße leerte – meist nachts, damit die Wahrscheinlichkeit sehr gering war, dass man jemanden traf, der gerade seines Weges ging. Frei nach dem Motto „Nicht alles Gute kommt von oben …“

Man kann sich nun sehr lebhaft vorstellen, dass zur Zeit des Konstanzer Konzils, als die Stadt aus allen Nähten platzte und schätzungsweise viermal so viele Menschen beherbergte wie in „normalen“ Zeiten, das Schmutzaufkommen ein gigantisches Problem darstellte. Sogenannte Nachrichter waren meist nach heftigen Regenschauern unterwegs, um den gröbsten Schmutz auf Schubkarren zu schaufeln und im Rhein oder anderswo zu entsorgen. Zusätzlich waren regelmäßig Abdecker unterwegs, um die auf den Straßen verwesenden toten Tiere einzusammeln. Aus jener Zeit stammt auch eine Redewendung, die sowohl in die deutsche, als auch in die englische Sprache Einkehr gefunden hat:

Wenn besonders nach wolkenbruchartigen Regenfällen das Wasser durch die Straßen floss und alles mit sich riss, was nicht irgendwie befestigt oder von sich aus schwer genug war, konnte es schon passieren, dass der

*Schmutzige Feuergasse, hinter heutiger Konzilstraße, 19. Jh.*

eine oder andere Tierkadaver einem „entgegen schwamm". Häufig waren es Katzen und Hunde, die in großer Zahl auf den Straßen lebten und verendeten. Zum Sterben legten sie sich gemäß ihres Instinkts in eine Ecke oder Nische. Wenn nun das Wasser diese Tiere hervorspülte, muss es zuvor schon stark geregnet haben – dann hat es „Katzen und Hunde geregnet" (oder wie die Engländer sagen: „It`s raining cats and dogs").
Als das Konzil am Bodensee tagte, war es besonders in den Sommermonaten schlimm. Milliarden von schwarzen Fliegen, so berichten die Quellen, summten durch die Gassen der Stadt und nahmen die Freude an jedem Spaziergang – vom Gestank ganz zu schweigen. Einmal soll ein hochgestellter Adliger von all dem Gestank und Schmutz so angewidert gewesen sein, dass er nach kurzer Zeit auf dieses einzigartige Konzilsereignis gerne verzichtete und sich lieber in seine Burg zurückzog, wo es sicherlich auch nicht wirklich sauber war. So kann man erahnen, wie schlimm es vor 600 Jahren mit all dem Dreck und Gestank in Konstanz gewesen sein muss.
Ein anderer Zeitzeuge berichtete, dass nicht wenige Konstanzer froh waren, als 1418 das große Spektakel vorbei war. Immerhin produzierten die Einheimischen schon genug Dreck. Da brauchte man nicht noch all die hohen Herren und ihr Gefolge, denn eines steht fest – die Hinterlassenschaften eines Menschen stinken beim armen Tagelöhner genauso wie beim reichen Kaufmann oder gebildeten Theologen.
Das letzte Haus der Konstanzer Innenstadt ist übrigens erst im Jahr 2000 an das Kanalisationsnetz angeschlossen worden. Bis dahin befand sich hinter dem Haus eine manchmal „duftende" Klärgrube. Böse Zungen behaupten, dass das schmutzige Mittelalter in Konstanz bis 2000 ging.

Wenden wir uns einem modernen Mythos zu – der Wanderhure ...

## DIE WANDERHURE

### Oder wie Geschichte heute geschrieben wird

Wer hat nicht schon einmal von der Wanderhure gehört? Spätestens seit das Fernsehen sich dieses höchst erfolgreichen Roman-Mehrteilers angenommen hat, ist Marie Schärer – so heißt die Hauptfigur – in aller Munde. Zumindest der Beginn der Geschichte benutzt das Konstanzer Konzil als Hintergrundkulisse der Erzählung, die hier nicht wiedergegeben werden soll. Weder ist sie eine Sage oder Legende, noch ein Märchen. Und zugetragen hat sie sich auch nie, sie ist rein fiktiv. Doch mittlerweile kennen so viele Menschen das tragische Schicksal der Wanderhure, dass nicht wenige sich fragen, ob die Geschichte sich so zugetragen haben könnte.

Über das Mittelalter gibt es allerlei Vorstellungen, die bisweilen die Realität jener fernen Jahrhunderte arg verzerren. In der Sage über Pierre d` Ally haben wir dazu schon etwas gelesen. Wie sieht es nun mit dem Bild aus, das die „Wanderhure“ in den Köpfen der Leser und Zuschauer über das Spätmittelalter entstehen lässt? Selbstverständlich hat jeder Schriftsteller, im Falle von Iny Lorenz ist es ein Schriftstellerehepaar, die absolute künstlerische Freiheit zu schreiben, was er oder sie will. Das soll natürlich auch so bleiben. Spannend ist die Frage trotzdem, ob die „Wanderhure“ so oder ähnlich vor 600 Jahren hätte stattfinden können. Alle Personen, die in dem Buch vorkommen, sind mehr oder weniger Menschen des 20. bzw. 21. Jahrhunderts. Zumindest handeln sie so und sind lediglich in eine mittelalterliche Kleidung gehüllt. Die Helden und Schurken klassischer Hollywoodfilme standen vielleicht Pate für die Charaktere der Figuren. Die „Bösewichte“ sind einfach nur böse, in jeder Sekunde ihrer Existenz. Die „Helden“ sind wahre Lichtgestalten, die praktisch nur gut sind. Es fehlt ein bisschen die Tiefe bei den vorkommenden Personen. Es sind eher Charaktermasken, keine lebenden Individuen.

Klischees werden durchgängig bedient: Männer sind meist triebgesteuerte Idioten und Frauen die klassischen Opfer. Das weibliche Geschlecht, wenn es sich nicht gerade um eine Frau aus dem Hochadel handelte, war nur Freiwild, das nahezu ungestraft jederzeit vergewaltigt werden konnte. Die Realität sah dann doch anders aus. Zwar war die mittelalterliche Welt eine männerdominierte, ohne Frage, aber Frauen waren nicht rechtlose Wesen. Insbesondere Vergewaltigungen wurden schwer bestraft. Wenn sich ein „hoher Herr“, z. B. ein Bischof oder ein Fürst, an einer Frau verging, drohte ihm in der Regel keine körperliche Strafe – es

sei denn, das Opfer war die Frau eines mächtigen Mannes. In allen anderen Fällen waren die Strafen aber drakonisch. Üblich waren Blendung, Kastration oder gleich die Hinrichtung. Hohe Geldstrafen, die einen armen Menschen in totales Elend stürzen konnten, waren das mindeste. Kaiser Friedrich II. ließ sogar die Vergewaltigung einer Prostituierten durch Hinrichtung sühnen. Überhaupt wurden die „Hübschlerinnen", vor allem wenn sie registriert waren und z.B. in einem städtischen Bordell arbeiteten, entsprechend geschützt. Solche Frauen waren nicht einfach „Freiwild"."
Verschwiegen werden soll nicht, dass Männer früher mehr Rechte genossen haben und Frauen sich unterzuordnen hatten. Aber ganz so „schwarz-weiß" wie in der „Wanderhure" war es dann doch nicht. Es spricht nichts dagegen, sich von solch einem Buch oder Film unterhalten zu lassen, aber man soll es nicht mit der geschichtlichen Wirklichkeit verwechseln. Das Mittelalter war nicht einfach nur finster und rückständig. Es lohnt sich, etwas genauer hinzuschauen, um zu verstehen, wie die Menschen damals lebten, liebten und litten. Nur so werden wir unseren Vorfahren gerecht.

Wir verlassen das Rotlichtmilieu und begeben uns zu einem weiteren wichtigen Ort des Konzilsgeschehens, zum Inselhotel, dem früheren Kloster der Dominikaner. Dort nächtigte einst ein griechischer Gelehrter, der noch heute ehrfurchtsvoll als einer der „Väter der Renaissance" bezeichnet wird ....

*Gottesdienst der Griechen*

# CHRYSOLORAS – EIN GRIECHE AUF DEM KONZIL

## Diplomat in kaiserlichen Diensten und Wegbereiter eines neuen Zeitalters

Das Konzil von Konstanz befand sich an der Schwelle zu einer Zeitenwende. Das Mittelalter verblasste allmählich, um für ein neues Zeitalter, der Renaissance, seinen Platz in der Geschichte zu räumen. Zwar ist die Geschichte ein Sammelsurium an Wendepunkten, aber ohne Zweifel war der Übergang vom Mittelalter in die Neuzeit, in der wir noch heute leben, eine ganz besondere Phase unserer Vergangenheit. Viele Gelehrte wandten ihre Blicke zurück in die Antike, um sich der Zukunft zuzuwenden. Vor allem die alten Griechen und Römer wurden zu Vorbildern für den Renaissancemenschen. Mit den Idealen und Ideen jener fernen Epoche Europas, als das Licht der Zivilisation auf unserem Kontinent entzündet wurde, wollte man die Gegenwart gestalten und etwas Neues erschaffen. Diese neue Bewegung ging von Italien aus, als dort im späten 14. Jahrhundert das Interesse an den Altvorderen stärker wurde. Latein und Griechisch erlebten eine wahre Wiedergeburt. Die Gelehrten jener Zeit wollten die Texte der alten Philosophen und Staatsmänner im Original lesen, sofern sie noch erhalten waren. Und es begann eine Bewegung, die sich noch über das gesamte 15. Jahrhundert hinziehen sollte: Man suchte in ganz Europa nach alten Schriften der Antike, bevorzugt in Klöstern, wo sie oftmals aufbewahrt wurden, ohne dass die Mönche recht wussten, welche intellektuellen Schätze sie bsaßen. Man wollte zurück zu den Quellen, im übertragenen wie im wörtlichen Sinne.
Als das Konzil nach Konstanz einberufen wurde, kamen daher zahlreiche Gelehrte aus Italien an den Bodensee, auch auf die Klosterinsel Reichenau und nach St. Gallen und bald ganz Deutschland, um nach alten lateinischen und griechischen Texten zu suchen.
Doch bei all dieser Beschäftigung mit unserem Nachbarn im Süden darf man dabei nicht die „Mutter Europas“ vergessen, das alte Griechenland. Im 15. Jahrhundert allerdings konnte der Gegensatz zwischen dem antiken und dem mittelalterlichen Griechenland kaum größer sein. Der Glanz vergangener Tage war schon lange vorbei. Das byzantinische Kaiserreich mit seiner Hauptstadt Konstantinopel war nur noch ein Schatten vergangener imperialer Machtentfaltung. Schon seit dem 13. Jahrhundert befand sich das Oströmische Reich, wie es auch genannt wurde, im Niedergang. Nun, zu Beginn des 15. Jahrhunderts, stand es kurz vor seinem endgültigen Untergang. Die Türken hatten sich als übermächtiger Gegner erwiesen. Als Konstanz zum Mittelpunkt der Christenheit wurde, bestand Byzanz noch aus der Metropole Konstantinopel und ein

paar Inseln, der Fall schien unvermeidbar. In dieser Situation – verstärkt nach der Eroberung der Stadt durch die Türken 1453 – emigrierten vor allem griechische Gelehrte nach Italien und trugen dazu bei, das im Osten viel besser konservierte Wissen der Antike im Westen neu zu verbreiten. Oder wie mancher Zeitgenosse es damals poetisch ausdrückte: „Aus dem Osten kommt der Licht." So wurde die türkisch-osmanische Militärmacht zur unfreiwilligen Geburtshelferin der Renaissance.
Doch was hat dies mit dem Konzil von Konstanz zu tun? Mehr, als man im ersten Augenblick meinen könnte. Denn auf der Kirchenversammlung waren auch Griechen zugegen, die sich in erster Linie militärischen Beistand des Westens erhofften. Und einer von ihnen war Manuel Chrysoloras.
Chrysoloras war ein hochgebildeter byzantinischer Diplomat in Diensten Manuels II., des Kaisers von Konstantinopel. 1393 wurde er nach Westeuropa geschickt, um Verbündete, oder zumindest finanzielle Unterstützung gegen die Türken zu gewinnen. Im besten Fall sollten die christlichen Herrscher zu einem neuen Kreuzzug motiviert werden. Chrysoloras ging zunächst nach Italien, wo er viele Jahre leben sollte. Er verfasste eine griechische Grammatik, die es den Intellektuellen seiner neuen Heimat erlaubte, die alten Texte zu übersetzen und sich zu erschließen. Damit wurde er zu einem der Wegbereiter des Renaissance-Humanismus. Er stand am Anfang der neuen Sehnsucht nach dem alten Griechisch. Er förderte den Aufbau entsprechender Sammlungen von Handschriften und bemühte sich unermüdlich um ein besseres Verständnis Griechenlands im Westen.
Als einer der bedeutendsten Gelehrten seiner Zeit wurde er auch zum Konzil nach Konstanz eingeladen, was für ihn eine Ehre darstellte. Dort war er einer der wichtigsten Denker. Jene mondäne, weltoffene Atmosphäre in der alten Bischofsstadt muss ihm, dem weitgereisten Denker aus dem Osten, sehr gefallen haben. Er traf andere Geistesgrößen seiner Zeit und ließ sich von deren Gedanken inspirieren, wie auch er sehr inspirierend gewirkt haben muss. Doch leider konnte er dieses einzigartige Ereignis nicht allzu lange genießen. 1415 starb er plötzlich, nach kurzer Krankheit, in Konstanz. Da eine Überführung in seine griechische Heimat organisatorisch kaum zu bewältigen gewesen wäre, wurde er auf der Konstanzer Seeinsel, die das Dominikanerkloster beherbergte (heute steht dort das Inselhotel), bestattet. Noch heute erinnert eine Grabplatte in der öffentlich zugänglichen Raucherlounge des Hotels an den Gast aus dem fernen Land.
Auch wenn seine diplomatischen Missionen letztendlich scheiterten und Konstantinopel 1453 von den Osmanen erobert wurde, womit die 1000-jährige Geschichte Ostroms ein blutiges Ende fand, hat Chrysoloras unauslöschliche Spuren in der Geistesgeschichte Europas hinterlas-

sen. Er ermöglichte den Zugang zu alten griechischen Texten und damit zu den Gedanken der Antike. Zweifellos war er damals der „Griechischlehrer Westeuropas“ und damit einer der Väter der Renaissance, der neuen Zeit, die das Gesicht unseres Kontinents und der ganzen Welt verändern sollte. Noch heute befinden sich seine sterblichen Überreste in Konstanz, noch heute kann man seine Grabplatte besichtigen und sich damit am Chrysoloras erinnern – er hat es wahrhaft verdient.

Noch einmal wenden wir uns dem Verbrechen zu – einem Mordanschlag vis-a-vis zum Münster ...

# TATORT KONSTANZ

## Ein bayerischer Mordanschlag in der Katzgasse

Vor 600 Jahren kam es im überfüllten Konstanz immer wieder zu kleineren oder größeren Vergehen. Meist waren es relativ „harmlose" Delikte wie Diebstahl eines Geldbeutels oder verbale Beleidigungen. Die Stadt am Bodensee war zwar kein Ort der Ruhe und des Friedens, das Bild eines zweiten Sodom und Gomorrha mit Schwerverbrechen an jeder Straßenecke ist aber ebenso falsch. Man musste schon vorsichtig sein, Gefahr für Leib und Leben bestand in aller Regel jedoch nicht.

Im 15. Jahrhundert stritten in Bayern meist mehrere Mitglieder des Herrscherhauses der Wittelsbacher um die Frage, wer nun Herzog von Bayern sei. Durch Erbteilungen wurde die Lage mit der Zeit unübersichtlich. Auf dem Konzil von Konstanz waren daher auch zwei Bayernherzöge vertreten – Ludwig der Bucklige von Bayern-Ingolstadt und Heinrich der Reiche von Bayern-Landshut, der eine war dem anderen ein Vetter. Wüste verbale Beschimpfungen und Verunglimpfungen blieben dabei nicht aus. Eine kleine Kostprobe: Bei einem Festbankett hatte Ludwig in weinseliger Stimmung behauptet, dass Heinrich der Sohn eines Kochs sei, was dieser als tödliche Beleidigung auffasste. Verständlich, denn damit wäre Heinrich ein Bastard und somit kein Herzog. Wenn sonst weiter nichts passiert wäre, würden wir heute davon wohl nichts mehr wissen, aber dabei blieb es selbstverständlich nicht.

Im Oktober 1417 überfiel Heinrich seinen Vetter, als dieser sich zu Pferd durch die Katzgasse bewegte. Es wird berichtet, dass Heinrich 70 Ritter dabei hatte, um Ludwig zu ermorden. Auch wenn die Zahl übertrieben sein mag, wird eines deutlich: Der Überfall war geplant und keine spontane Aktion. Ludwig sollte sterben! Umso verwunderlicher ist, dass er eben dies nicht tat. Nach zahlreichen Schlägen blieb er schwer verletzt auf der Straße liegen. Heinrich und seine Mordgesellen waren wohl zu sehr damit beschäftigt zu fliehen – keiner sah jedenfalls nach, ob der Überfallene noch lebt. Heinrich floh durch ein Stadttor und konnte nicht gefasst werden. Der Streit war damit natürlich noch nicht zu Ende. König Sigismund war vor allem erbost über die Tatsache, dass das Friedensgebot auf dem Konzil so sträflich missachtet wurde. Viel mehr als sich lauthals beschweren tat er allerdings nicht.

Dieser Mordversuch war das Tagesgespräch der Stadt.

Doch wieviele Leut waren überhaupt beim Konstanzer Konzil ...?

*Papst Gregor XII.*

## BESUCHERZAHLEN

### Waren es tatsächlich über 70.000 Teilnehmer?

Ulrich Richental schreibt in seiner Chronik über das Konzil zu Konstanz von über 70.000 Teilnehmern. Diese Zahl scheint sehr hoch zu sein. Doch ist sie das tatsächlich?
Im Nachhinein finden wir keine verlässlichen Zahlen. Doch tragen wir zusammen, was bekannt ist: Die Steuerlisten verzeichnen etwa 1‘500 Bürger, so dass die tatsächliche Einwohnerschaft auf etwa 6‘000 bis 8‘000 Menschen geschätzt wird. Neuere Untersuchungen kommen auf etwa 20‘000 Besucher des Konzils. Man kann sich vorstellen, dass es in der Stadt drunter und drüber gegangen ist. So viele Betten waren beim besten Willen nicht aufzutreiben. Die Menschen schliefen in allen möglichen und unmöglichen Quartieren. Viele nächtigten auch außerhalb der Stadt und verteilten sich in umliegende Orte. Das Gefolge der hohen Herren verteilte sich bis nach St. Gallen, Winterthur, Engen, Meersburg, Überlingen und Ravensburg. Einfache Leute schliefen im Stroh, auf Brettern oder in Weinfässern.
Doch zurück zu den Teilnehmern. Dreihundert Bischöfe, dreiunddreißig Erzbischöfe und neunundzwanzig Kardinäle rückten nicht alleine, sondern mit einem Großteil ihres Gefolges an. Ebenso hielten es die weltlichen Würdenträger. Der habsburgische Herzog soll allein mit 600 Pferden und entsprechendem Gefolge angereist sein. Es kamen zu dem besonderen Ereignis zahllose Ritter, Handwerker, Tagelöhner, arme Geistliche, Händler und fahrende Leute an. Die meisten hatten ihre Familien gleich mitgebracht. So wird es plausibel, dass die maximale Besucherzahl in den fünfstelligen Bereich anwuchs. Die Teilnehmerschaft wechselte natürlich auch regelmäßig. Viele kamen und andere gingen dafür. Bei hohen Festen kam allerlei Volk aus der näheren und ferneren Umgebung dazu, um das Treiben beim großen Konzil zu bestaunen. An bestimmten Tagen ging es sicher noch enger zu, etwa wie heute an einem verkaufsoffenen Sonntag in der Altstadt.
Sicher waren keine 70.000 Menschen gleichzeitig in der Konzilszeit anwesend. Rechnet man jedoch ein gewisses Kommen und Gehen mit ein und zählt die Tagestouristen, die das Konzil an hohen Festtagen anzog, mit, so scheint diese Zahl auf die Jahre verteilt nicht unwahrscheinlich zu sein.

Bei so vielen Menschen stellt sich die Frage, wo man nächtigt ...

# PLATZ IST IN DER KLEINSTEN HÜTTE

## von Hübschlerinnen auf Strohlagern und in Weinfässern

Prostitution ist bekanntermaßen das älteste Gewerbe der Welt. Zu allen Zeiten und in allen Kulturen findet man sie, im alten Ägypten, bei den Babyloniern, im antiken Griechenland und natürlich auch im „sündigen Mittelalter". Man nannte sie damals noch nicht Prostituierte, in jener Zeit war ihre Bezeichnung noch etwas poetischer: Der Volksmund nannte sie „Hübschlerinnen" oder auch „gemeine Frauen", womit nicht gemeint war, dass diese Liebensdienerinnen irgendwie boshaft gewesen seien. Vielmehr sollte damit ausgedrückt werden, dass sie allgemeine Frauen seien, dass jeder Mann sie haben könne, der dafür zahlt. Prostitution war dabei von Seiten der Obrigkeit – Stadt und Kirche – zumindest geduldet. Meist gab es im christlichen Mittelalter städtische Verordnungen, die solchen Frauen spezielle Kleidungen bzw. Farben vorgeschrieben haben. Landauf, landab galt seit jeher gelb als die Farbe des Neids (noch heute sprechen wir davon, manchmal „gelb vor Neid zu werden"), aber auch der Eifersucht, des Egoismus und ganz allgemein war sie eine Farbe der Sünde. So fügte es sich, dass die Hübschlerinnen meist eine gelbe Schärpe oder Vergleichbares deutlich sichtbar tragen mussten, damit jeder sie sofort erkennen konnte.

Natürlich gab es schon immer auch Damen der käuflichen Liebe, die ihrem Gewerbe heimlich nachgingen und somit auch nicht direkt an irgendwelchen Farben der

Kleidung erkennbar waren. Auch dies war damals in Konstanz nicht anders, doch dazu gleich mehr.

Das Konzil zog scharenweise Menschen aus den unterschiedlichsten Berufen an, die alle hofften, im Rahmen dieser gigantischen Kirchenversammlung ein gutes Geschäft machen zu können. So begab es sich damals, im Sommer und Herbst des Jahres 1414, dass neben den Bäckern, Schustern, Schneidern und Gauklern auch die Damen des horizontalen Gewerbes nach Konstanz strömten. Ulrich von Richental, der Sohn des Stadtschreibers und aufmerksamer Beobachter jenes Weltspectaculums am Bodensee, vermerkte in seiner Chronik über das Konstanzer Konzil, dass er die „gemeinen Damen" gezählt hätte – und er wäre auf 700 gekommen. Dabei ließ er die Zahl der „heimlichen" Huren ausdrücklich unerwähnt, d.h. die Zahl der Prostituierten war noch viel höher, allerdings hätte Richental wohl ziemlichen Ärger bekommen, wenn er auch diese Frauen alle gezählt hätte. Denn bei diesen sogenannten „Heimlichen" handelte es sich nicht selten um Konstanzer Töchter auch aus

angesehenen Familien – die auf diese Art nebenbei noch ein bisschen Geld zusätzlich verdienen konnten. Man darf nicht vergessen, dass die Nachfrage sehr groß war und daher das Angebot entsprechend nachzog. Jetzt behauptet selbstverständlich niemand, dass jeder der hohen Herren, seien es nun weltliche oder geistliche Fürsten, die Dienste solcher Damen in Anspruch genommen habe. Wenn sie aber alle standhaft geblieben wären, hätte Richental sicherlich keine 700 gezählt.
Wie viele Besucher gleichzeitig in der Stadt waren, kann niemand genau sagen, die Angaben in den Quellen sind da viel zu ungenau und unzuverlässig. Schätzungsweise waren mehr als 15.000 Menschen gleichzeitig in der Stadt – eine unglaubliche Zahl! Vor Beginn des Konzils hatte Konstanz geschätzte 6.000 Einwohner, so dass die Stadt während dieser vier Jahre aus allen Nähten platzte. Selbstverständlich konnten auch die zugereisten Hübschlerinnen sich meist kein festes Zimmer, geschweige denn eine Wohnung zur Miete leisten. Nicht wenige dieser Damen nächtigten entweder bei ihren Freiern oder unter freiem Himmel. Manche fanden eine Bleibe in einer kleinen Holzhütte, in einem Stall auf einem Strohlager, wo sie auch ihre Dienste anboten, oder sie fanden einen Platz unter einer Treppe. Die vielleicht kurioseste „Herberge" fanden einige von ihnen in Weinfässern. Wie einst der griechische Philosoph Diogenes, der vor gut 2.400 Jahren im alten Griechenland lebte, richteten sie sich so gut es ging darin ein. Wenn ein solches Fass groß genug war, konnte sie dort auch ihren „Rundumservice" anbieten. So sprach es sich unter den Männern der Konzilsstadt schnell herum, dass man in Konstanz alkoholfreien Spaß in Weinfässern haben könne. Was also heute, in unserer modernen Zeit des 21. Jahrhunderts, die Wohnwagen der Prostituierten vor allem im Osten Europas sind, waren vor 600 Jahren die ebenfalls mobilen Weinfässer. Es hat sich in den Jahrhunderten nichts grundlegend geändert, lediglich das Ambiente hat gewisse Anpassungen erfahren.
Ein Konzil kann folglich wahrhaft eine sehr sündige Veranstaltung sein und Konstanz erinnerte zumindest die sittenstrengen Zeitgenossen wohl eher an die „große Hure Babylon" als an einen heiligen christlichen Ort. Andere werden ein milderes Urteil gefällt und sich am farbenfrohen Konstanz erfreut haben.
Zum Schluss dieser kleinen Randnotiz der großen Geschichte möchte ich aber noch einmal auf die Zahl der offiziellen Hübschlerinnen zu sprechen kommen. Richental erwähnte ja gut 700 solcher Frauen (männliche Prostitution gab es, falls überhaupt, wohl nur sehr versteckt). Wenn wir uns kurz noch einmal vergegenwärtigen, dass Konstanz in „normalen" Nichtkonzilszeiten gerade mal ca. 6.000 Einwohner hatte, mutet es schon erstaunlich an, dass recht bald nach Bekanntwerden des Konzilsortes hunderte von Prostituierten in die Stadt zum See strömten. Wenn

*Haus zum Vorderen Tanz, um 1900*

wir diese Zahlen mal auf eine Stadt unserer Zeit übertragen, wird erst so richtig deutlich, welch buntes Treiben – durchaus in einem doppelten Sinne zu verstehen – sich vor 600 Jahren in Konstanz den Augen eines Besuchers darbot:
Nehmen wir Köln, die katholische Stadt am Rhein, inklusive Dom und Kardinal. Sie hat ca. eine Million Einwohner. Und nehmen wir mal an, es würde ein Konzil in diese Stadt einberufen werden und es würden anteilsmäßig genauso viele Prostituierte nach Köln kommen wie damals nach Konstanz – das wären immerhin gut 120.000!

Doch nun genug der Zahlenspiele und Vergleiche mit unserer Zeit. Kehren wir zurück in das ferne 15. Jahrhundert und bleiben noch etwas bei unserem frivolen Thema. Denn die Liebe hat ihren Preis ...

# RITTER OSWALD UND SEIN SCHMERZENDER BEUTEL

## Von Freuden und ihren Preisen

Das Konzil sah viele hochgestellte Persönlichkeiten. Auf weltlicher Seite kamen Könige, Herzöge, Grafen, die hohe Geistlichkeit war vertreten durch einen der drei Päpste, fast alle Kardinäle sowie zahlreiche Bischöfe und Theologen. Neben diesen mächtigen Herren war aber auch eine Gruppe von meist niederen Adligen anwesend, die man in der Regel spontan mit dem Mittellalter in Verbindung bringt – die Ritter!

Der vielleicht bekannteste Ritter, der auf dem Konzil von Konstanz zugegen war, hörte auf den Namen Oswald von Wolkenstein. Wolkenstein, in Südtirol geboren, war eine Ausnahmeerscheinung seiner Zeit. Er war Sänger, Dichter, Komponist und Diplomat in königlichen Diensten. Als Minnesänger wurde er unsterblich und ist heute noch als einer der Großen seiner Zunft bekannt, seine Musik wird noch immer gehört. Für einen Menschen des Spätmittellalters hat er viel von der Welt gesehen, selbst für einen Edelmann. Er bereiste Russland, das Land der Tartaren, die Türkei, Italien, Spanien, Frankreich und selbstverständlich Deutschland. Als Pilger besuchte er sogar das Heilige Land und seine christlichen Erinnerungsorte.

Höhepunkt seiner Laufbahn war sein Besuch des Konstanzer Konzils 1415. Ursprünglich kam er im Gefolge Herzog Friedrichs IV. an den Bodensee, doch dort warb König Sigismund ihn ab. Fortan war er Berater und Diplomat des Schirmherrn des Konzils. Näher konnte man an das Zentrum der Macht kaum herankommen. Oswald war gut informiert und ein aufmerksamer Beobachter. In seinen zahlreichen Liedern, die nicht selten autobiographische Inhalte haben, berichtete er von seinen Erlebnissen in Konstanz und anderswo. Zwischenzeitlich verließ er mit seinem neuen Herrn die alte Bischofsstadt, um 1417 noch einmal zurückzukehren.

Die Schönheit von Konstanz pries er in mehreren seiner Kompositionen, die Stadt und ihre mondäne Ausstrahlung hatte ihn zweifellos zutiefst beeindruckt: „Du wunderschönes Paradies am See…“. Die Konstanzer hörten es gerne. Oswald war auch bekannt dafür, dass er die angenehmen Seiten des Lebens suchte und genoss. Seine Leibesfülle zeigte dies eindrücklich. In einem Lied pries er den guten Wein am See („Wirt, komm und bring mehr Wein“), in einem anderen die Schönheit der Frauen auf dem Konzil („Die holdesten Frauen, die ich erblickt, in heller Jugendschönheit Glanz, haben mich fest ans Herz gedrückt, (…) beim Reihentanz (…) viel Lieblichkeit in vielerlei Kleid …“). Es besteht kein

Zweifel, Oswald war ein früher Rockstar, dem der Sinn nach Wein, Weib und Gesang stand, oder auf neudeutsch „Sex, Drugs and Rock`n`Roll". In den Bordellen von Konstanz war er ebenfalls ein oft gesehener Gast. Dabei darf man nicht vergessen, dass Prostitution in jener Zeit zwar nicht zu den ehrlichen Berufen gehörte, aber ein alltägliches Phänomen war, das weithin akzeptiert wurde. Insbesondere während des Konzils wurden die Sitten noch weiter gelockert und der Besuch eines solchen Etablissements geschah zum Teil in aller Öffentlichkeit. Oswald auf jeden Fall schämte sich nicht und schrieb auch darüber in seinen Liedern. Die Preise für die Hübschlerinnen stiegen allerdings zum Leidwesen der Männer sprunghaft an. Die Nachfrage stieg schneller als das Angebot, vor allem zu „Stoßzeiten", wenn neue Gäste die Stadt besuchten. Doch nicht nur in diesem Dienstleistungssektor spürte man eine schmerzhafte Inflation. Konstanz war in diesen vier Jahren ein wirklich teures Pflaster. Ob Übernachtungsmöglichkeiten, Lebensmittel und Alkohol oder eben die Damen des ältesten Gewerbes der Welt – alles wurde immer schneller immer teurer. Die Versorgungsmöglichkeiten stießen an ihre Grenzen. Die Teuerungen empörten die Menschen so sehr, dass der Rat der Stadt die Preise für Fleisch, Gemüse, Brot, Wein und andere Produkte des täglichen Lebens vorschrieb, mit dem Resultat, dass sich kaum jemand danach richtete. Der Schwarzmarkt florierte, die Stadt und die Konzilsväter mussten hilflos zuschauen, denn effektive Kontrollen waren kaum möglich. Auf die Gebühren der Hübschlerinnen hatte der Rat praktisch überhaupt keinen Einfluss.
Oswald beklagte sich ebenfalls über die überall spürbar hohen Preise. Der regelmäßige Besuch bei den Liebesdienerinnen wurde dann doch sehr kostspielig. In einem seiner Werke schrieb er ganz offen über die häufigen Aufenthalte in den Bordellen: „Denk ich an den Bodensee, dann tut mir gleich der Beutel weh!" Wir wollen mal hoffen, dass er nur seinen Geldbeutel meinte…
Oswald von Wolkenstein war natürlich nur einer von vielen Gästen in den einschlägig bekannten Häusern mit dem speziellen Zimmerservice, doch über ihn und sein Leben sind wir besser informiert, als über das seiner meisten Zeitgenossen. So steht er stellvertretend für all jene Männer, die seit jeher dafür sorgen, dass dieses Gewerbe nun mal das älteste der Welt ist.

## Wie kommt das Konzilgebäude zu seinem Namen ...?

*Kaufhaus – Ort der Papstwahl*

# DAS KONZILGEBÄUDE

## Warum die Papstwahl in einem Kaufhaus stattfand?

Im Hafen von Konstanz steht ein großes aus Natursteinen gemauertes Gebäude mit beeindruckendem ziegelgedeckten Walmdach. Dass es aus historischer Zeit stammt, sieht man dem Bau sofort an. Doch dass es bereits seit mehr als sechs Jahrhunderten das Stadtbild prägt, erstaunt.

Da es heute Konzilgebäude oder einfach kurz „das Konzil" genannt wird, bringen es die meisten mit dem Kirchentreffen im frühen 15. Jahrhundert in Verbindung. Doch tatsächlich bekam es den Namen erst 400 Jahre später. Wie es dazu kam, wird nun berichtet:

Eine Delegation Mailänder Händler vereinbarte mit Konstanz einen Handelsstützpunkt für die Handelsroute über die Alpen einzurichten. 1387 beschließt der Rat der Stadt Konstanz, dass „man ein hus machen sol, darinne man den Walhen (Welschen/Fremden) von Mailan und anderen frömbden (fromme) lüten (Leute) ir gut (Güter) inne besorge und behalt (verwahren), und sol das nit abgan (verderben)". Der Bau des großen Kaufhauses im Hafen wurde bereits drei Jahre später fertig gestellt.

An der Nordseite befindet sich ein Stadtwappen, das auf das Jahr 1388 datiert wird. Für die damalige Zeit war das Gebäude, mit einem Grundriss von etwa 50 x 23 Metern und einer Firsthöhe von fast 28 Metern, eines der größten weltlich genutzten Bauwerke. In den Stadtführern, die immer gerne nach Superlativen suchen, wird es als das größte erhaltene mittelalterliche Profangebäude Süddeutschlands gepriesen.

Der Name Kaufhaus ist irreführend, da man heute darunter ein großes Einzelhandelsgeschäft versteht. Im Spätmittelalter verstand man darunter jedoch ein Lagerhaus, das dem Umschlag von Gütern und deren Zollabwicklung diente. Ankommende Händler sollten darin ihre Waren sicher verstauen und lagern können. Nachdem diese neue Besitzer gefunden hatten, wurden sie entsprechend umgeladen und weiter transportiert. Durch diesen Warenumschlag sicherte sich die Stadt eine zentrale Rolle im Handel, hatte strategischen Einfluss auf den Warenverkehr und verdiente ganz nebenbei kräftig an den erhobenen Zöllen.

Der Standort des Kaufhauses in Konstanz wurde damals geschickt in den Bodensee gelegt, über den die meisten Güter auf Handelsschiffen herbei gebracht wurden. Es stand in guter Reichweite zu den beiden Handelsplätzen Marktstätte und Fischmarkt. Da sich die Stadt seit dem 12. Jahrhundert gezielt in Richtung Bodensee erweiterte, entstand nebenbei ein ganzjährig beschiffbarer tiefer Hafen. Der weiche Seeboden wurde mit ungezählten Holzpfählen und herbeigebrachtem Schutt aufgefüllt.

Bedenkt man die schwierigen Gründungsprobleme moderner Bauten in Konstanz, war dies fürwahr eine Meisterleistung damaliger Baukunst. Mit dem großen Lagerhaus wurde die mittelalterliche Stadterweiterung abgeschlossen. Ursprünglich war das Gebäude dreiseitig von Wasser umgeben und stand auf einem sehr hohen gemauerten Sockel, der in die neue Stadtmauer integriert wurde. Dieser war mit einer Schiffslände versehen, so dass bei jedem Wasserstand die Landungsbrücken entsprechend gelegt werden konnten, um die Güter bequem auf- und abladen zu können. Daher wurde das Gebäude auch ursprünglich Gredhaus genannt, nach dem mittelhochdeutschen Wort grêt bzw. grêde, das mit Podest oder Treppenstufe übersetzt werden kann. Im Erdgeschoss wurden die kurzzeitigen Lagerungen vorgenommen, im Obergeschoss die haltbaren Güter eingebracht. Dort fanden auch die Handelsgeschäfte zwischen den Kaufleuten statt. Der vertikale Warentransport wurde über Kräne bewerkstelligt, die in den Erkern angebracht waren.
Während die großen Konzilssitzungen im Münster abgehalten wurden, hatte das Kaufhaus im Hafen eigentlich nichts mit dem Kirchentreffen zu tun. Doch im dritten Jahr wollte man endlich einen neuen, von allen Seiten respektierten Papst, wählen. Dazu schloss man die 56 wahlberechtigten Kardinäle einfach in das Kaufhaus ein. Es bot genügend Raum, um durch die lokalen Handwerker für jeden eine Zelle darin mit herbeigeschafften Holzbalken zu bauen. Die Türen und Fenster wurden vernagelt und teilweise zugemauert. Durch die Insellage war ein unerwünschter Nachrichtenverkehr zwischen der Konklave im Gebäude und den Mächtigen außerhalb nun ausgeschlossen. Es wurde ein Zaun um das Gebäude gezogen und eine Vielzahl von Wachen sorgten für die notwendige Ruhe. Man hatte große Angst, dass von außen Einfluss auf die Wahlberechtigten ausgeübt wird. So kam es, dass bereits nach drei Tagen am 11. November 1417 Otto von Kolonna zum ersten und einzigen Papst wurde, der nördlich der Alpen gewählt wurde. Er nannte sich fortan Martin V. Eine Inschrift an der Südseite erinnert bis heute an dieses Ereignis: „Dies ist das Haus des Frids u. Vereinigung mit der hl. kath. Kirche, in dem die unraine Irrung dreier babste usgeriet u. ainikait christl. geistlichhait durch die hailigen erwelung babst Martinis des fünften befestigt ist. Anno domini MCCCCXVII".
Um 1840 wurde der Stadtgarten im See aufgeschüttet und die heutige Hafenanlage eingerichtet. Dadurch verlor das Konzilgebäude seine direkte Ufernähe.
Als 1863 die Eisenbahn nach Konstanz kam, trennten die Schienen die Stadt vom See. Sie laufen bis heute direkt hinter dem Konzilgebäude durch. Damals wurde sogar ein Schienenstrang direkt durch das ehemalige Kaufhaus gelegt. Dieser „Bahnhof" wurde jedoch in späteren Jahren wieder entfernt.

Bis in das Jahr 1872 wurde das Gebäude von der Zollbehörde genutzt, danach als Markthalle bis 1910. Nach zweijährigem Umbau folgte 1912 die Eröffnung eines Restaurants, das bis heute von der exponierten Lage am See profitiert. Mit den kleineren und großen Sälen ist es seither als Fest- und Kongresshaus nutzbar.
Und wie kam nun das Kaufhaus zu seinem Namen „Konzilgebäude"?
1824 eröffnete Josef Kastell ein privates Antiquitätenkabinett unter dem Namen „Altertumshalle", das mit angeblich originalen Erinnerungsstücken im „Konziliumssaal" an die Papstwahl erinnern sollte. Dieses beliebte Privatmuseum führte in der Folge dazu, dass das ganze Gebäude bald nur noch „Conziliumsgebäude" und bis heute einfach „Konzil" genannt wird.
In den letzten Jahren werden regelmäßig Fasnachtsveranstaltungen im großen Saal veranstaltet, die das Südwestfernsehen überträgt. Obwohl die Baumeister mit riesigen Eichenbalken eine sehr große Spannweite der Decken erreichten, stehen einige massive Holzstützen im Raum. Alfred Heizmann, der Reichenauer Mundartdichter und Büttenredner, brachte es bei einer Rede auf den Punkt: Die Konstanzer Zuschauer könne er immer erkennen, da sie aus Gewohnheit mit geneigtem Oberkörper dasitzen, weil sie im Konzilsaal immer um eine der Säulen blicken müssten, um das ganze Geschehen auf der Bühne zu beobachten.
Der Name des Kaufhauses am Bodensee erinnert bis heute an das historische Kirchentreffen in Konstanz. Vielleicht ist das Konzil deshalb in den Köpfen der Bürger geblieben, weil dieses Gebäude uns an dieses wichtige Großereignis mahnt?

Verlassen wir nun den Konstanzer Hafen und begeben uns auf ein ganz anderes Feld, nämlich das Glatteis der Machtpolitik des beginnenden 15. Jahrhunderts und erfahren mehr über Kaiser Sigismund von Luxemburg und seine wahrhaft imperialen Träume, in denen Konstanz und das Konzil eine Hauptrolle spielen sollten …

*Burggraf Friedrich von Nürnberg*

# KAISERKRÖNUNG IN KONSTANZ

## Wie der König von einer Kaiserkrone in Konstanz träumte

Sigismund war nicht der einzige Kaiser, der im Laufe der Geschichte Konstanz besuchte. Die Stadt am See erlebte auch den Auftritt Karls des Großen, des ersten mittelalterlichen Kaisers des Abendlandes. Darüber hinaus waren neben anderen Herrschern Friedrich Barbarossa, sein Enkel Friedrich II. oder auch der letzte Kaiser, Wilhelm II., in Konstanz. Aber nie war ein Herrscher solch eine lange Zeit am See wie Sigismund, nie war der Besuch so folgenschwer für die Geschichte Europas, ja der gesamten Christenheit, denn Sigismund war der Schirmherr des Konstanzer Konzils. Wer sollte es auch sonst sein, da die Kirche auf Grund ihrer Spaltung in die Anhängerschaft der drei Päpste nicht in der Lage war, die Versammlung selbst zu organisieren und zu leiten? Sigismund war sicher ein gläubiger Christ, der es als seine heilige Aufgabe ansah, die Kirche aus dieser Krise des Abendländischen Schismas zu führen. Allerdings war er auch nicht ganz selbstlos. Vielmehr hatte er ganz eigene Interessen jenseits von Kirchenpolitik, die er in Konstanz zielstrebig verfolgte.

Sigismund war ein Spross des Adelsgeschlechts der Luxemburger. Heute verbindet man mit Luxemburg eher einen kleinen Staat im Herzen Europas, direkt zwischen Deutschland und Frankreich gelegen. Doch im ausgehenden Mittelalter war das Fürstengeschlecht der Luxemburger eines der vornehmsten Europas und ihr Herrschaftsgebiet umfasste wesentlich größere Territorien als das heutige „Letzebuerg". Böhmen und zeitweise Ungarn waren die Basis ihrer Macht, die darin gipfelte, dass sie mehrere Kaiser des Heiligen Römischen Reiches (Deutscher Nation) stellten. Sigismund sollte der letzte Luxemburger Kaiser sein, doch wollen wir der Geschichte nicht vorweg greifen.

Zuerst müssen wir kurz klären, was überhaupt ein Kaiser war, um zu verstehen, warum Konstanz in den Überlegungen Sigismunds zeitweise eine solch zentrale Rolle spielte. Das Wort Kaiser leitet sich von dem römischen Feldherrn und Politiker Gaius Julius Caesar ab. Fortan sollten alle römischen Machthaber das Wort „Kaiser" als Titel tragen. Als das römische Weltreich in den Wirren der Völkerwanderung im 5. Jahrhundert unterging, gab es immerhin noch einen Regenten mit derselben Bezeichnung in Ostrom, dem heutigen Griechenland (und Türkei). Erst Jahrhunderte später – am Weihnachtsabend 800 – sollte Karl der Große das mittelalterlich-westliche Kaiserreich neu begründen. Fortan besaß der römisch-deutsche König Anspruch auf den Kaisertitel, der zumin-

dest nominell ausdrücken sollte, dass er der höchste weltliche Herrscher der Christenheit und damit den anderen Königen übergeordnet sei. So zumindest in der Theorie. Aber Kaiser konnte der König nur werden, wenn der Papst ihn dazu im Rom krönte. Diesen aufwendigen Romzug trat so mancher deutsche Regent nicht an, da entweder entsprechende Geld- oder Machtmittel dazu fehlten bzw. der Papst seine Einwilligung verweigerte. Nicht wenige deutsche Könige wurden daher nie Kaiser. Dabei darf man das Prestige, das mit dieser Krönung einher ging, nicht unterschätzen. Wenn irgend möglich wollte jeder deutsche König zum Kaiser gekrönt werden, es war die Vollendung eines Lebens als Monarch. Bei Sigismund war dies nicht anders. Als Sohn des bedeutenden Kaisers Karl IV. hatte er Anspruch auf die Ländereien der Luxemburger. Er soll hochgebildet gewesen sein, sprach unter anderem Deutsch, Latein, Italienisch und Französisch. Darüber war er sehr lebenslustig und wusste die schönen Seiten des Daseins zu genießen. Die ungarische Krone hatte er durch die Heirat mit Maria von Ungarn erworben. Seiner zweiten Ehefrau, Barbara von Cilli, haben wir noch eine eigene Geschichte gewidmet. König von Böhmen war er nicht, diese Stellung hatte sein älterer Bruder Wenzel inne, der bis 1400 auch deutscher König gewesen war, dann aber wegen Unfähigkeit abgesetzt wurde.
Sigismund wurde nun 1410 zum deutschen König durch drei Kurfürsten gewählt. Allerdings kann es zu einer Doppelwahl: Zwei Wochen später wurde sein Cousin Jobst von Mähren ebenfalls zum König des Heiligen Römischen Reiches gewählt. Welch eine Ironie der Weltgeschichte: Es gab zur gleichen Zeit drei Päpste und drei deutsche Könige: Der abgesetzte Wenzel pochte zunächst auf den römisch-deutschen Königstitel. Drei Könige und drei Päpste – da konnte man leicht den Überblick verlieren. Doch 1411 starb Jobst unverhofft und die beiden Brüder einigten sich: Sigismund war nun der einzige, der wahre König. Es galt nun, diese Einheit ebenfalls für den Stuhl Petri auf den Konstanzer Konzil wiederherzustellen. Sigismund nahm sich dieser Aufgabe voller Energie und Tatendrang an.
Dabei hoffte er, bei dieser Gelegenheit seine eigene Position zu stärken und sein Prestige zu erhöhen – der nächste Papst, wer immer das sein sollte, würde ihn aus Dankbarkeit sicherlich zum Kaiser krönen – vor Ort am Bodensee. Es wäre die Vollendung seines Machtanspruchs gewesen. Hier wollen wir uns einen Augenblick der Tragweite dieser Planung bewusst werden. Eine Kaiserkrönung nicht in Rom, sondern auf deutschem Boden, in Konstanz – welch‘ eine Aussicht für Sigismund und die Stadt. Indes, es kam anders. Zwar sollte die Wahl eines neuen, einzigen Papstes gelingen, doch dieser war nicht bereit, dem Luxemburger umgehend die Kaiserwürde anzutragen. Sigismunds ehrgeiziger Plan sollte nicht aufgehen – noch nicht. 1433, fast 20 Jahre später, gelang es ihm

dann doch. Papst Eugen IV. krönte ihn in Rom zum obersten Monarchen der Christenheit, vier Jahre vor seinem Tod.
Kehren wir aber noch einmal zurück in das Konstanz des Konzils und lassen unserer Fantasie mal für einen Augenblick freien Lauf: Welch ein großartiges Fest hätten die Menschen gesehen, wenn Sigismund im Münster oder auf einem der großen Plätze der Stadt zum Kaiser gekrönt worden wäre? Welch farbenprächtiges Zeremoniell, welche Feierlichkeiten hätten die Zeitgenossen zu sehen bekommen, welch unsterblicher Ruhm wäre Konstanz zusätzlich zum Konzil zuteil geworden!
Mit Sicherheit würde man noch heute jedes Jahr den Tag der Kaiserkrönung in der Stadt zum See feiern bzw. ihrer gedenken. Vielleicht wäre daraus ein überregional bekanntes Volksfest entstanden, vergleichbar mit dem Seenachtsfest. Vielleicht wäre das Konstanz des 21. Jahrhunderts ein anderes, als es heute ist.

Die Schatten des Konzils reichen auch bis in das frühe 20. Jahrhundert, bis in den Osten Europas ...

# TANNENBERG – MYTHOS ZWEIER JAHRHUNDERTE

## Wie eine Schlacht 500 Jahre später noch einmal geschlagen wurde und erneut Gräben zwischen den Völkern aufriss

Die Jahre des Konzils von Konstanz waren eine Zeit zahlreicher kriegerischer Konflikte in Europa. Fast überall drohte Krieg oder er war schon ausgebrochen. Allianzen zwischen Staaten, Fürsten und Städten wechselten ständig. Selten hielten Bündnisse länger als ein Jahr, manchmal wurden sie schon nach Wochen wieder gelöst. In so einer verworrenen Entwicklung den Überblick zu verlieren, ist nicht schwer. Engländer und Franzosen kämpften nun schon seit über 80 Jahren im sogenannten 100-jährigen Krieg gegeneinander. Auf dem Balkan standen sich Türken, Ungarn, Venezianer und die Reste Ostroms (Konstantinopel) feindselig gegenüber und in Spanien schickten sich die christlichen Herrscher an, die Abenddämmerung des arabischen Spanien in Nacht zu tauchen und die Muslime nach Nordafrika zu vertreiben.

Man könnte noch viele weitere Konflikte aufführen, doch uns geht es jetzt um einen ganz besonderen – dem Krieg zwischen dem Deutschen Ritterorden und dem König von Polen-Litauen. Der Ritterorden etablierte sich – nach dem Ende der christlichen Kreuzfahrerstaaten im Nahen Osten im 13. Jahrhundert – im Osten Europas als Machtfaktor, der einerseits die Christianisierung vorantrieb, andererseits die Ostkolonisation, die Ansiedlung deutscher Bauern im heutigen Polen und Russland, unterstützte. Im Baltikum wurde der Ordensstaat aufgebaut, in dem die Ritter unabhängig vom römisch-deutschen Reich sich selbst und ihre Untertanen regierten. Gleichzeitig wurde 1387 durch die Union der beiden Königreiche Polen und Litauen einer der größten Flächenstaaten Europas geschaffen. Der bis dahin heidnische Großfürst von Litauen, Jagiello, ließ sich taufen und wurde erster König des neuen Reiches. Der Ordensstaat der Deutschen Ritter fühlte sich zum einen durch seinen neuen mächtigen Nachbarn direkt bedroht, zum anderen war ihm eine zentrale Daseinsberechtigung genommen worden. Wenn es in ihrem Einflussgebiet keine Heiden mehr zu missionieren gab, brauchte man den Orden nicht mehr.

So kam es, wie es kommen musste – beide Seiten suchten die Entscheidung auf dem Schlachtfeld. Am 15. Juli des Jahres 1410 trafen sich die Heere unweit des Ortes Tannenberg in Ostpreußen (heute in Polen gelegen). In einer der größten Ritterschlachten des Mittelalters wurden die Deutschen eindrucksvoll geschlagen. Der Hochmeister des Ordens und viele seiner engsten Gefolgsleute blieben auf dem Schlachtfeld zurück. Polen-Litauen hatte sich durchgesetzt, der Deutsche Ordensstaat sollte zwar noch bis in die Mitte des folgenden Jahrhunderts existieren, sein Niedergang war aber nicht mehr aufzuhalten. Die Schlacht bei Tannenberg sollte sich im kollektiven Gedächtnis von Polen und Deutschen verankern und für Jahrhunderte eine Quelle gegenseitiger Verachtung sein. Wir bleiben im 15. Jahrhundert und gehen nur vier Jahre weiter, als das Konzil in Konstanz seine Pforten öffnete. Hier begegneten sich die Streitparteien wieder. Auch wenn sie gerne mit Waffen aufeinander losgegangen wären, bestand auf dem Konzil Friedenspflicht. König Sigismund wollte diese Gelegenheit nutzen und strebte ein Schiedsverfahren an, an dem Vertreter beider Seiten in Konstanz teilnahmen. Viel wurde dabei nicht erreicht, doch die tiefen Gräben zwischen den Rittern und den Polen wurden erneut deutlich sichtbar. Mitglieder des Ordens denunzierten den polnischen Monarchen und behaupteten, dass er insgeheim immer noch ein Heide sei – ein Verbrechen, das mit dem Tode bestraft wurde. Allerdings war das Manöver allzu zu leicht zu durchschauen. An dem Gerücht stimmte natürlich nichts, es zeigte vielmehr, wie verzweifelt der Orden war. Nach der vernichtenden Niederlage von Tannenberg wusste er sich nicht anders zu helfen. Eine weitere Intrige, die das Konzil von Konstanz erlebte.

Leider können wir das dunkle Kapitel Tannenberg noch nicht abschließen. 500 Jahre später wurde dieser Ort wieder ein Schlachtfeld, diesmal zwischen der deutschen und der russischen Armee. Wir schreiben das Jahr 1914, der Erste Weltkrieg, die sogenannte Urkatastrophe des 20. Jahrhunderts, war gerade ausgebrochen, als die russische Armee in das deutsche Ostpreußen einmarschierte. Ihnen stellten sich zahlenmäßig unterlegene deutsche Kräfte entgegen, die jedoch von den Feldherren Hindenburg und Ludendorff exzellent geführt wurden. Die russische Invasion wurde gestoppt, die Niederlage der Russen war überdeutlich. Drei Jahre später wurde der russische Zar gestürzt und die rote Diktatur Lenins aufgebaut.

Wieder wurde Tannenberg zum Ausgangspunkt eines Mythos, der Völker aufeinanderhetzen sollte. Endlich wurde aus deutscher Sicht die Schmach von 1410 beglichen, obwohl der Feind mittlerweile ein anderer war. Nach dem Ersten Weltkrieg wurde bei Tannenberg ein Denkmal errichtet, das auch an die Schlacht von 1410 erinnern sollte. Dort wurde 1934 der Sieger von 1914, Paul von Hindenburg, begraben, der zwischenzeitlich deutscher Reichspräsident geworden war und einen Gefreiten des Ersten Weltkriegs, Adolf Hitler, zum Reichskanzler ernannte. Als im Zweiten Weltkrieg die Rote Armee 1945 in Ostpreußen vorrückte, wurde das Denkmal von der deutschen Wehrmacht gesprengt.

Tannenberg steht für Kriege und Leid gleich mehrerer Jahrhunderte. Trotzdem, oder gerade deswegen, ist es wichtig, dieser Ereignisse zu gedenken, damit nie wieder Hass zwischen unseren Völkern geschürt werden kann. Der Mythos von Tannenberg war schon auf dem Konstanzer Konzil wirkungsmächtig – mittlerweile wurde er zum Glück gebrochen.

Verlassen wir nun diese Erinnerungsstätte und begeben uns für eine Geschichte auf die andere Seite des Rheins nach Petershausen, zu den wilden Ungarn ...

# DIE WILDEN UNGARN VOR DEN TOREN DER STADT

## Warum die Gefolgsleute König Sigismunds in der Vorstadt Petershausen verweilen mussten

Die Ungarn – oder wie sie sich selbst nennen, die Magyaren – stammen ursprünglich aus Asien, woher genau, ist unbekannt und liegt im Dunkel der Geschichte begraben. Doch im 9. Jahrhundert fielen sie in das Land ein, dem sie ihren Namen geben sollten und setzten sich fest. In den folgenden Jahrzehnten bedrohten ihre Reiterarmeen durch ihre blitzschnellen und sehr brutalen Überfälle Mittel- und Westeuropa. Besonders das Reich der Ostfranken, das man später Deutschland nennen sollte, wurde stark in Mitleidenschaft gezogen. Die Ungarn wurden aus Sicht der Betroffenen zum Feind des Abendlandes, zur Gefahr für die gesamte Christenheit. Auch Konstanz wurde im 9. Jahrhundert von ihnen belagert und bedroht. Die Vororte wurden gebrandschatzt, die Bischofsstadt selbst wurde aber durch ihre Mauern geschützt und entging einer Eroberung. Erst die Niederlage der ungarischen Reiter 955 in der Schlacht auf dem Lechfeld bei Augsburg gegen Kaiser Otto den Großen bannte die Bedrohung. Die Ungarn wurden Christen, gründeten ein Reich und reihten sich ein in die Völker Europas.
Gut 400 Jahre später führte eine geschickte Heiratspolitik des Hauses Luxemburg dazu, dass der römisch-deutsche König Sigismund 1387 auch Herrscher der Magyaren wurde, indem er die Thronerbin Maria von Ungarn zur Frau nahm.
Der Ruf der Ungarn bei seinen westlichen Nachbarn hatte sich in all den Jahrhunderten allerdings kaum gebessert. Noch immer galten sie als unzivilisiert-barbarisch, roh und leicht reizbar. Der Volksmund behauptete, dass eine Gruppe betrunkener Magyaren gefährlicher sein konnte als Raubritter auf dem Kriegszug. Die Konstanzer Bürger und Konzilsteilnehmer urteilten da nicht anders, einschließlich der Gesandten aus Ungarn selbst, die ihre Landsleute wohl am besten kannten.
Sigismund verzichtete jedoch nie auf eine Einheit ungarischer Reiter, die ihn als eine Art Leibgarde immer auf seinen Reisen begleitete. Als er sich nun am Weihnachtsabend 1414 der Konzilsort am See näherte, setzte er mit dem Schiff von Überlingen nach Konstanz über. Seinen ungarischen Soldaten verbot er, die Stadt zu betreten. Sie mussten auf der anderen Seite im Vorort Petershausen bleiben, wo sie in Klöstern untergebracht wurden. Der König wollte offenbar kein Risiko eingehen und gewährte seinen Gefolgsleuten – wenn überhaupt – nur vereinzelt Zutritt zur Stadt. Das letzte, was er bei seinen hochfliegenden Plänen – allen voran die Wiederherstellung der Einheit der Kirche und seine Krönung zum

*Rheintorturm mit Schiffmühlen*

Kaiser – gebrauchen konnte, waren Unruhen auf dem Konzil. Deswegen blieben seine ungarischen Kämpfer vor den Toren. Um ihnen aber zu zeigen, dass er einer von ihnen war, um sich ihrer Treue zu versichern, bezog er zeitweise ebenfalls sein Quartier in Petershausen.

Wir bleiben noch für eine Sage bei der Begegnung von Menschen mit unterschiedlichen kulturellen Wurzeln und erfahren, was dies mit der Gründung der Stadt Konstanz zu tun hat ...

## WENN DIE RENAISSANCE DIE ANTIKE TRIFFT

### Wie ein italienischer Gelehrter erfuhr, wer die Stadt am See gründete

Im Gefolge von Papst Johannes XXIII. kamen zahlreiche italienische Gelehrte nach Konstanz zum Konzil. Einer von ihnen war Leonardo Bruni, der 1369 in Arezzo das Licht der Welt erblickte. Karriere machte er in Florenz als Staatskanzler und Philosoph im Geiste des Renaissance-Humanismus. Er lernte griechisch und half mit, die Ideen der Antike wieder in das Bewusstsein der Menschen seiner Zeit zu rücken. Als einer der ersten übersetzte er bedeutende Werke des griechischen Philosophen Platon, des wirkungsmächtigsten Denkers des Altertums. 1405 wurde er päpstlicher Sekretär und bewegte sich fortan im Zentrum der kirchlichen Macht. So war es eine Selbstverständlichkeit, dass er seinen Dienstherren, den Pisaner Papst Johannes, nach Konstanz zum Konzil begleitete.
Als Leonardo von Süden kommend das mächtige Gebirge der Alpen vor sich sah und wusste, dass erst dahinter ihr Ziel lag, erschauderte er vor Furcht und Respekt angesichts dieser scheinbar unpassierbaren Wand aus Stein zwischen Italien und Deutschland. Schon die alten Römer verstanden diese natürliche Barriere als eine Grenze zwischen Zivilisation und dem Land der Barbaren, zwischen ihnen und den Germanen. Manche Vorurteile halten sich über Jahrhunderte und so kam auch Leonardo in Konstanz mit dem Gefühl an, in einem wilden Land zu sein, das keineswegs die kulturelle Höhe seiner geliebten Heimat innehabe. Diesen Eindruck sollte er nicht revidieren, vielmehr fühlte er sich auf Grund seiner Erfahrungen in der Bischofsstadt bestätigt. Schon die deutsche Sprache klang für ihn so unzivilisiert und roh, kein Vergleich mit seinem geliebten Italienisch, das ja eine Weiterentwicklung des allseits geschätzten Lateins darstellte.
Allerdings störte ihn noch mehr. Voller Abneigung schilderte der Humanist, dass die Einheimischen dem großen antiken Erbe der Griechen und Römer mit Einfalt und Desinteresse gegenüberstanden. Um dies zu verdeutlichen, beschrieb er in einem Brief, dass er einige Male Bürger der Stadt gefragt habe, wie alt Konstanz denn sei und wer es gegründet habe – doch niemand konnte seine Neugier befriedigen. Von Forscherdrang angetrieben, suchte er nach entsprechenden Spuren der Vergangenheit und fand schließlich einen Hinweis. An der Mauer des Doms – unseres Münsters – entlang laufend, entdeckte er eine eingelassene Steintafel, auf der der Name des angeblichen Stadtgründers zu lesen war: Constantius I., Römischer Kaiser im 4. Jahrhundert nach Christi, der Konstanz auch seinen Namen gab.

*Leonardo Bruni*

Die Unwissenheit der Bewohner war dabei für ihn noch nicht das Schlimmste. Viel entsetzlicher war für den Gelehrten, dass die Menschen, diese „eingeborenen Banausen“, jene Steintafel nicht als Informationsquelle nutzten, sondern zu einem Objekt, einem Götzen abergläubischer Verehrung erhoben. Dazu schrieb er: „Die Weiblein und die übrige ungebildete Menge haben die Buchstaben beinahe vollständig ausgelöscht, indem sie die Hände daran rieben und sich dann über das Gesicht fahren.“ Dies mutete ihm wie eine heidnisch-rituelle Handlung an. Es bestanden bei Leonardo keine Zweifel: Wie viele seiner italienischen Philosophenkollegen war er davon überzeugt, dass seit der Völkerwanderung, der Barbarenstürme tausend Jahre zuvor, als das Römische Weltreich unter den militärischen Schlägen der Germanen untergegangen war, die Zivilisation in Mitteleuropa sich kaum weiterentwickelt habe. Er fühlte sich fremd und unverstanden in der deutschen Provinz, erst recht, als man seinen Herrn, Papst Johannes, gefangen nahm und einsperrte.
Nehmen wir es Leonardo nicht übel, dass er für Konstanz und seine Menschen nicht gerade schwärmte – er war eben ein Kind seiner Zeit – und sehen in ihm das, was er vor allem war, ein wichtiger Wegbereiter des neuen Zeitalters, als die Enge der mittelalterlichen Welt durchbrochen wurde und man – im übertragenen wie im wörtlichen Sinne – zu neuen Ufern aufbrach.
Der Lehrer von Leonardo war übrigens einer der gebildetsten Griechen seiner Epoche, Manuel Chrysoloras, den man noch heute voller Ehrfurcht einen der „Väter der Renaissance“ nennt. Ihm sind wir schon begegnet.

Wir wollen uns nun vom Krieg ab- und den ganz alltäglichen Vorurteilen auf dem Konzil zuwenden …

*Wappen des Priesterkönigs Johannes*

# VON EITLEN WELSCHEN, HEIDNISCHEN POLEN UND BRUTALEN ENGLÄNDERN

## Vorurteile und nationale Fehden auf dem Konzil

Vor 600 Jahren war die Welt zu Gast in Konstanz, auf dem größten Jahrmarkt des Mittelalters. Von allen drei bekannten Weltteilen kamen Gesandte an den Bodensee, aus Europa, Afrika und dem fernen Asien, um dieser kirchlichen Versammlung beizuwohnen. Man traf sich an den Versammlungsorten, den Klöstern und Kirchen, aber auch auf den Straßen, den engen Gässchen und den zahlreichen Wirtstuben, wobei man sich oft nur mühsam mit Händen und Füssen „unterhalten" konnte. Ein wahrhaft babylonisches Sprachengewirr erklang zu jener Zeit an allen Ecken unserer alten Bischofsstadt. Darüber hinaus waren zahlreiche Gäste fremdländisch gekleidet und benahmen sich aus Sicht des jeweils anderen ausgesprochen seltsam. Es war ein Zusammentreffen – oder vielleicht besser ein Zusammenstoßen? – unterschiedlichster Kulturen. Dabei blieben natürlich Missverständnisse und unbeabsichtigte Übertretungen kulturell bedingter Grenzen nicht aus. Das Exotische wirkte irritierend und bisweilen bedrohlich – Erfahrungen, die man auch noch im globalisierten 21. Jahrhundert sammeln kann.
Besondere Probleme gab es auf dem Konzil indessen vor allem mit dem „bekannten Fremden", dem Nachbarn jenseits der eigenen Landesgrenzen, genährt durch Vorurteile, nationale Befindlichkeiten und die allgegenwärtigen Kriege und Konflikte, die im frühen 15. Jahrhundert Europa fest im blutigen Griff hatten.
Alle anderen Kämpfe überschattend, tobte schon seit Jahrzehnten ein erbittert geführter Kampf zwischen den Königen von England und Frankreich, der als 100-jähriger Krieg in die Geschichte eingehen sollte. Zwar dauerte er 116 Jahre, aber „100-jähriger Krieg" klang doch griffiger. Bei diesem Konflikt ging es um die Frage, wer der wahre König von Frankreich sei, denn dies beanspruchten der jeweilige Monarch sowohl in Paris, als auch der in London für sich. Dies war nicht der einzige Krisenherd des Kontinents. Der deutsch-römische König Sigismund befand sich mit Venedig und dessen Verbündeten in einer Art Kalten Krieg. Die Lagunenstadt hatte sich daraufhin mit dem „ muslimischen Feind der Christenheit", dem osmanisch-türkischen Reich zusammengeschlossen, um Druck auf Ungarn auszuüben, dessen Herrscher ebenfalls Sigismund war. Gleichzeitig verhandelte der König mit den Mongolen, um wiederum Druck auf die Türken auszuüben, damit er Venedig niederringen könne und Ungarn nicht von osmanischen Truppen überrannt werden würde. In Spanien kämpften seit Jahrhunderten christliche und musli-

mische Reiche mit- und gegeneinander. An der Südostflanke des Kontinents existierte als kümmerlicher Rest vergangener Größe noch kleiner Rumpf des griechisch-byzantinischen Kaiserreichs von Konstantinopel, das in seiner Existenz von den Türken bedroht wurde. Im Osten, in Polen, war es erst vor wenigen Jahren zu einer blutigen Auseinandersetzung zwischen dem Deutschen Ritterorden und dem polnisch-litauischen König gekommen. Und im römisch-deutschen Reich stritten Herzöge, Grafen und Bischöfe miteinander um Städte, Titel und Macht. An allen Ecken und Ende rüstete und kämpfte man, schmiedete alte und neue Bündnisse, um diese bei nächster Gelegenheit wieder aufzulösen oder plante einen Angriff auf dem Nachbarn. Frieden war ein frommer Wunsch, aber leider in jener Zeit eine seltene Ausnahme.
Darüber hinaus gab es noch die üblichen Vorurteile gegenüber Fremden, auch wenn man gegen diese nicht gerade Krieg führte oder eine Fehde austrug. So bezeichneten z.B. die Schwaben die Schweizer gerne als „Chuefigger" oder „Milchtrinker", um sie zu beleidigen. Diese antworteten mit der Bezeichnung „Sauschwob" – und so geschah es fast allerorten. Damit soll keineswegs das Bild vermittelt werden, dass man sich nur gehasst und feindlich reagiert hat. Oft genug kam es auch zu freundlichen Zusammenkünften, mit Sicherheit überwog jedoch die abweisende Haltung, zumal man auch selten genug den anderen zu Gesicht bekam, so dass man seine Ressentiments auch nicht mit der Wahrheit konfrontieren musste.
Es verwundert also nicht, dass man sich auf dem Konzil häufig mit Misstrauen begegnete. Die historischen Quellen, allen voran Ulrich Richental in seiner Chronik, berichten von allerlei Schmähungen und Beleidigungen. Zahlreiche humanistische Gelehrte aus Italien, die im Gefolge des (Noch-)Papstes Johannes XXIII. nach Konstanz gekommen waren, empfanden Abscheu gegenüber diesen wilden, germanischen Barbaren. Man stößt auf Ressentiments, die schon 1.500 Jahre zuvor, zur Zeit des Kaisers Augustus, über den Nachbarn nördlich der Alpen im Umlauf waren. Je mehr sich Dinge ändern, umso mehr sieht man, dass alles gleich bleibt.
Mindestens genauso unfreundlich waren die Kommentare der Italiener über die Franzosen. Beim Bischof Johannes von Fermo klang das so: „Willst Du französisch reden, so rede wie ein italienisches Kind von ein bis zwei Jahren." Man machte sich aber nicht nur über die Sprache des welschen Nachbarn lustig. Man hielt die Menschen Frankreichs für eitel und hochmütig, eine Einschätzung, die auch die Deutschen teilten. Die Franzosen wiederum gifteten gerne und ausführlich gegen die Engländer, ihre Feinde im Krieg. Die Vertreter der französischen Nation lehnten die Anerkennung der englischen Gesandtschaften als eigene Nation mit eigenem Stimmrecht bei Konzilsentscheidungen ab. Die Mitglieder

des Deutschen Ordens wollten ihre Niederlage gegen den polnisch-litauischen König vier Jahre zuvor in der Schlacht von Tannenberg nicht akzeptieren und traten nach: Sie denunzierten den Monarchen und behaupteten, dass dieser in Wahrheit ein Heide sei, der nur vorgebe, ein Christ zu sein. Eine wirklich schwere Anklage, die mit dem Tod bestraft wurde. Allerdings war allen Beteiligten klar, dass dies eine dreiste Lüge war, symptomatisch für die hoffnungslose Situation, in der der Deutsche Ritterorden sich befand.

Die Deutschen bekamen jedoch auch genug Häme und Verachtung zu spüren bzw. zu hören: Der Böhme Hieronymus von Prag, ein Freund und Weggefährte des Jan Hus, der ebenfalls in Konstanz nach einem Ketzerprozess vor den Toren der Stadt verbrannt wurde, machte aus seiner Abneigung gegen die Deutschen kein Hehl: Sie seien die natürlichen Feinde seiner Landsleute, die es zu bekämpfen galt. Selbst der nicht selten ungeduldige König Sigismund soll in einem Ausbruch des Zorns den Mitgliedern der französischen Nation zugerufen haben, dass sie sich zum Teufel scheren sollten. Für die italienischen Kardinäle hatte er genauso verletzende Worte übrig – sie seien das Letzte, der Abschaum der Menschheit.

Um all diese Schmähungen und Beleidigungen ins rechte Licht zu rücken, muss man dabei folgendes beachten: In so manchem Parlament unserer Tage werden noch viel derbere Worte verwendet, was manchmal auch in Handgreiflichkeiten endet. Zusätzlich darf man nicht den Fehler machen und diese Äußerungen mit modernem Rassismus verwechseln oder gar gleichsetzen. Vorurteile und Unsicherheit gegen Fremde, die leicht in Ablehnung umschlagen kann, sind so alt wie die Menschheit. Die Idee von Rassen, die mehr oder weniger wert sind, ist ein vergleichsweise neues menschenverachtendes Konzept der Moderne. Wir sollten nicht den Fehler begehen und unsere Gedanken und Wertvorstellungen einfach in frühere Jahrhunderte übertragen. Dann erliegt man schnell Vorurteilen und Fehlinterpretationen.

Wir kehren wieder zurück zu dem Mann, der auf dem Konzil besonders zu leiden hatte – zum bespuckten Jan Hus ...

*Verbrennung des Jan Hus*

# DER BESPUCKTE JAN HUS

## Wie aus dem verehrten Stammvater Abraham der „Ketzer“ Jan Hus wurde

Wenn man das Konstanzer Münster „Unserer lieben Frau“, die altehrwürdige ehemalige Bischofskirche, besucht, stößt man vom Haupteingang kommend in der Mitte des Hauptschiffs auf der linken Seite auf eine kunstvoll geschnitzte Barockkanzel, die im Jahre 1680 fertiggestellt wurde. Getragen wird diese Kanzel von einer Figur, die eine bewegende Geschichte aufzuweisen hat, welche bis in die Zeit des Konzils zurückführt. Aus Eichenholz gearbeitet, wirkt diese Figur irgendwie knorrig. Wen sie darstellt, erschließt sich nicht unbedingt auf den ersten Blick. Doch man weiß, dass die biblische Gestalt des Abraham gemeint ist, zu deren Füssen ein Widder liegt. Man nennt ihn auch den Stammvater Abraham, da sich auf ihn sowohl Judentum, Christentum als auch der Islam als Stammvater berufen. So entstand für alle drei Glaubensrichtungen die Bezeichnung „Abrahamitische Religionen“. Er ist wahrhaft eine würdige Figur für einen Kanzelträger. Von wem dieser geschnitzte Abraham erschaffen wurde, ist jedoch nicht eindeutig überliefert.

Allerdings verloren die Menschen, als die Jahrzehnte und Jahrhunderte ins Land gingen, allmählich das Wissen um diese Skulptur. Im 18. Jahrhundert interpretierte man sie verstärkt als eine Abbildung von Jan Hus. Mit seiner Tötung hatten Kirche und weltliche Macht für seine zahlreichen Anhänger einen Märtyrer geschaffen, der tot vielleicht noch gefährlicher war als zu Lebzeiten. Seine aber mindestens genauso zahlreichen katholischen Gegner sahen in ihm einen gefährlichen Ketzer, einen Verbreiter von Irrglauben. Warum man nun auf einmal die Abrahamsfigur mit dem Böhmen verwechselte, ist bis heute nicht geklärt. Womöglich wurden die Konstanzer durch die zur ihrer Zeit veröffentlichten Portraits des Jan Hus in die Irre geführt. In der Tat ist eine gewisse Ähnlichkeit nicht von der Hand zu weisen. Doch wie kam ein Ketzer als Figur in die Bischofskirche? Die meisten Katholiken der Stadt erklärten sich dies, indem sie annahmen, Hus müsse nun symbolisch für seine begangenen „Untaten“ bis in alle Ewigkeit die Last der Kanzel tragen, vergleichbar mit dem Titanen Atlas, der nach griechischer Mythologie von den Göttern dazu verurteilt worden war, das Himmelsgewölbe mit seinen Schultern zu stemmen. Der Mythos des Atlas war im 18. Jahrhundert sehr bekannt und beliebt, so dass es nicht unwahrscheinlich ist, dass die Konstanzer sich täuschen ließen.

Die Menschen beließen es aber nicht damit, über diesen „Hus“ nur zu lästern. Früh fingen sie damit an, dieses scheinbare Abbild des Erzketzers zu bespucken. Im Jahre 1767 soll ein 9-jähriges Mädchen gar die Nase mit einem Messer attackiert haben. Die Geistlichkeit, selbst der Bischof, tat nichts dagegen, da auch sie die wahren Umstände nicht mehr kannte und sich Volkes Zorn nicht unbedingt in den Weg stellen wollte – vor allem nicht für den „Verräter und Feind“ Hus.

Als 1777 der Habsburger Kaiser Joseph II., ein aufgeklärter Herrscher und Vorkämpfer für religiöse Toleranz, das „Pfaffennest“ Konstanz, wie er selbst es nannte, besuchte, war er wegen dieses offensichtlichen Vandalismus‘ auf das Höchste angewidert. Unverzüglich ordnete er an, die Figur zu reinigen und sie bei hoher Strafandrohung fortan nicht mehr zu verunstalten. Fortan gab es keine mehr Angriffe gegen Abraham-Hus, der Kaiser hatte sich mit Härte durchgesetzt.

1833 wurde der Kanzelträger im Konzilsgebäude, dem einstmalig größten Kaufhaus am See, untergebracht, um Teil einer Ausstellung über das Konstanzer Konzil zu werden. In jener Zeit setzte sich auch allmählich wieder das Wissen durch, dass die Figur ursprünglich nicht Hus, sondern Stammvater Abraham darstellte. 30 Jahre später zog Abraham für eine lange Zeit in die Ausstellungsräume des Rosgartenmuseums um. Mitte des 20. Jahrhunderts verschwand er im Museumsdepot auf dem Speicher und geriet in Vergessenheit. Erst 1984 fand er wieder zurück in das Münster, an seine angestammte Stellte. Mittlerweile glaubt niemand mehr, dass der bestrafte Jan Hus gemeint sei. Auch wird die Statue nicht mehr bespuckt oder auf eine andere Weise beschädigt. Heute wird nur noch die barocke Schnitzkunst bewundert oder über die Bedeutung Abrahams für drei Weltreligionen nachgedacht.

Nur wenige Schnitzfiguren haben solch eine bewegte Vergangenheit aufzuweisen. Natürlich ist Jan Hus längst kein Feind mehr, den es zu verdammen gilt. Ebenfalls seit 1984 ist Tabor, die frühere Hauptstadt der Hussiten, Partnerstadt von Konstanz. Aus Feinden sind endlich Freunde geworden. Die Zeiten ändern sich – und zum Glück auch manchmal nicht zum Schlechten.

Wir wenden uns für eine weitere Sage von diesem Ritter von der üppigen Gestalt zu und lesen gleich, warum Oswald sich einmal unfreiwillig von seinem Bart trennen musste…

# DER GERUPFTE RITTER

## Auch Liebesdienerinnen können rabiat werden

Wie wir bereits in der anderen Sage über den Ritter Oswald von Wolkenstein gehört haben, war dieser Minnesänger kein Kind von Traurigkeit. Seine sinnesfrohe Lebenshaltung spiegelt sich in seinen zahlreich erhaltenen Gedichten und Liedern wieder, die noch heute gerne gehört und gesungen werden. Reichlich schmackhaftes Essen, genug guter Wein und die freizügige Gesellschaft hübscher Frauen machten für ihn das Leben lebenswert. Auf dem Konzil genoss er von all dem mehr als genug, wofür seine Körperfülle ein untrüglicher Beweis war. Es wird auch berichtet, dass er eines Tages einen der ansässigen Apotheker aufsuchen musste, um sich ein Pulver oder etwas Ähnliches gegen das Jucken an besonderen Körperstellen zu kaufen. Das Jucken an intimen Stellen war ein damals alle Gesellschaftschichten umfassendes „Phänomen", da das Mittelalter Vieles war, aber sicher nicht prüde. Zusätzlich war die Medizin auch nicht entwickelt genug, um solch kleine Plagegeister erfolgreich auszumerzen. Seine Schwäche für das weibliche Geschlecht kam ihn einmal in seinem Leben wirklich teuer zu stehen. 1421 wurde er in seiner Heimat Südtirol von einer hübschen Frau in einen Hinterhalt gelockt, auf eine Burg verschleppt, gefoltert und erst nach Monaten und einem entsprechenden Lösegeld freigelassen. Eine Zeitlang konnte er nur an Krücken gehen. Diese traumatische Erfahrung verarbeitete er in mehreren seiner Lieder. Jahre zuvor hatte er auf dem Konzil in Konstanz zwar nicht solch schreckliche Erfahrungen gesammelt, aber Lehrgeld musste er dort ebenfalls zahlen. Eines Abends trieb ihn die Lust auf erotische Abenteuer in ein Freudenhaus mit einer besonders großen Auswahl an „Fensterhennen". So wurden die Damen des horizontalen Gewerbes früher auch bezeichnet, da sie gerne an einem Fenster ihre körperlichen Reize vorbeikommenden Männern anboten. Animiert wurden die Männer zusätzlich mit einem anzüglichen Spruch wie Z.B. „Willst du mir einen Gulden geben, werde ich mich mit Dir zu Bette legen." Prostitution ist bekanntermaßen nicht nur das älteste Gewerbe der Welt, sondern auch ein weit verbreitetes, was Oswald und seinen Neigungen sehr entgegen kam. Er war bekannt dafür, in allen Städten, die er Land auf Land ab besuchte, die Freudenhäuser von innen zu besichtigen. Warscheinlich kannte er zum Schluss in Konstanz nicht wenige dieser Damen mit Vornamen. Der Held diser Geschichte war, wie wir alle, ein Kind seiner Zeit. Von ihm wissen wir, dass er den Fensterhennen sehr zugetan war. Dies war für Männer seines Standes damals ein nicht unüblicher Zeitvertreib.

Nun war Oswald zu dieser Zeit finanziell gerade etwas klamm, wollte aber auf die charmante Damengesellschaft und ihren Service trotzdem nicht verzichten. So naschte er an den Früchten, ohne bezahlen zu können. Als die Hübschlerinnen das erkannten, war es vorbei mit dem Schäferstündchen. Um ihm unmissverständlich klar zu machen, dass er hier eine Grenze überschritten hat, die er besser respektiert hätte, packten ihn mehrere Damen und hielten ihn fest, während die Geprellte ihm seinen Vollbart unsanft rasierte bzw. rupfte. Welch eine Blamage! Er verließ mit lädiertem Gesicht lautstark protestierend das Bordell, doch niemand hatte Mitleid mit ihm. Für Tage war er Spott und Häme ausgesetzt, denn das Rupfen eines Bartes galt als ehrverletzend. Daher ließ er sich schnell wieder einen Bart wachsen, um an diese Schmach nicht mehr erinnert zu werden.
Was hätten die Damen wohl mit ihm gemacht, wenn er glatt rasiert zu ihnen gekommen wäre?

Viel schlimmer als ein gerupfter Bart ist es, wenn einem die Decke auf den Kopf fällt ...

# FASNACHTSTREIBEN

## Ein Haus stürzt ein

Die Fasnacht in Süddeutschland hat vorchristliche Wurzeln. Die Konstanzer Quellen berichten nur sehr dürftig über die „fünfte Jahreszeit", da die wilden Feiern nicht immer dem christlichen Weltbild der frommen Bürger entsprachen. Ulrich von Bodman berichtet in einer Urkunde von 1296 erstmals von der „vasnaht" am Bodensee.

Auch während des Konzils fanden in Konstanz viele Feiern statt. Bei einer ausgedehnten Fasnachtsveranstaltung soll ein Haus der Altstadt jedoch unter der Last seiner zahlreichen Besucher eingestürzt sein. Neben dutzenden Verletzen ist sogar mindestens ein Mensch ums Leben gekommen.

Doch dies sollte die Feierlichkeiten nur kurz stören. Denn immerhin war die fünfte Jahreszeit die einzige Möglichkeit für den kleinen Mann und die kleine Frau, sich über die Obrigkeit lustig zu machen, ohne dafür bestraft zu werden. Schon im alten Babylon vor 4000 Jahren gab es ein paar Tage im Jahr, während derer die Bürger der Stadt den König kritisieren und parodieren durften, ohne Strafe zu fürchten. Im christlichen Kulturraum entwickelte sich daraus die Büttenrede. In früheren Jahrhunderten waren es in den Städten nicht selten die Nachtwächter, die während der Fasnachtszeit Schmähgedichte und freche Zeilen über die Obrigkeit zur Belustigung aller vortrugen.

Der erste belegte Umzug in Konstanz fand 1872 im Stadtteil Paradies statt. Heute ist das närrische Treiben nicht mehr aus dem kulturellen Leben der Bodenseemetropole wegzudenken. Spätestens, seitdem der Südwestrundfunk regelmäßig die närrischen Abende im Konzilsgebäude live im Fernsehen überträgt, ist über die Regionalgrenzen hinaus bekannt, dass man in Konstanz versteht Feste zu feiern.

Doch bleibt zu hoffen, dass sich die strengen Bauverordnungen auszahlen und kein Haus mehr unter den Feiernden zusammenbricht.

Doch nun zu etwas erfreulicherem. Als nächstes berichten wir von „Rothäuten" auf dem Konzil …

*Pristerkönig Johannes mit Gefolge*

## GÄSTE AUS EINEM FERNEN LAND

**Waren Besucher von jenseits des großen ozeanischen Meeres ebenfalls zugegen?**

Zweifellos war das Konzil von Konstanz der größte Kongress des gesamten christlichen Mittelalters. Es war ein „Stell-Dich-ein" nahezu aller Völker der bekannten Welt. In den Chroniken kann man nachlesen, dass neben den Nachbarvölkern Italien, Frankreich, England, Spanien und anderen sogar die „Exoten" der damaligen Zeit vertreten waren: Tataren, Russen, Araber, Inder und andere, die weit aus dem Osten kamen. Doch gut hundert Jahre nach jenen Ereignissen am Bodensee, im 16. Jahrhundert, werden die bekannten Chroniken des Konzils – allen voran die des Konstanzer Bürgers Ulrich von Richental – neu veröffentlicht, zum Teil mit leicht veränderten Inhalten, angepasst an die Lesebedürfnisse vor 500 Jahren. Denn in jenen 100 Jahren zwischen Konzil und der Neufassung der Chronik geschahen welthistorische Ereignisse. Ein italienischer Navigator, die Welt kennt ihn als Christoph Kolumbus, entdeckte einen neuen Kontinent.

Daher darf es einen nicht verwundern, wenn in jenen Berichten auf einmal ganz besondere Gäste in Konstanz auftauchten – Menschen mit anderer Hautfärbung als die Europäer und manchmal mit besonders auffälligem Federschmuck in den Haaren. Mancher Leser wird jetzt schon erraten haben, um wen es sich hier handelt. In der Tat berichten die Quellen auf einmal von Indianern auf dem Konzil. Was im ersten Augenblick sehr verrückt klingt, war es damals aber nicht. Nach dem Selbstverständnis der Menschen des Mittelalters und der Renaissance waren Vertreter und Besucher aus der ganzen Welt zugegen, als man sich vor 600 Jahren am Bodensee traf. „Die Welt zu Gast in Konstanz" hätte das Motto der Konzilsväter sein können. Und zur Welt zählten vor 500 Jahren bekanntlich auch die Indianervölker Amerikas. Dass dieser Kontinent erst 80 Jahre nach dem Konzil von Kolumbus entdeckt wurde, war nur ein untergeordnetes Detail. Wenn die Welt in Konstanz war, dann durften eben die Indianer aus der Neuen Welt nicht fehlen. So einfach konnte früher Geschichtsschreibung sein. Frei nach der Devise, dass die Wahrheit überbewertet sei und eine gut erzählte Geschichte nun einmal das berichten muss, was der Leser und die Leserin erwartet.

Aber auch wenn vor 600 Jahren niemand von der anderen Seite des „großen Teichs" dabei war, ist es eine höchst amüsante und bisweilen bizarre Vorstellung, dass zur Konzilszeit bunt geschmückte Mayahäuptlinge, Aztekendiplomaten oder Abgesandte der Inka durch die Gassen von Konstanz zogen, sich mit Orientalen oder Indern (ihren Namensvettern) unterhielten und ihre erste Pizza aßen – nicht ahnend, dass sie 80 Jahre später von den Europäern entdeckt werden würden.

Als nächstes möchten wir eine Geschichte erzählen, die geradezu fantastisch klingt – es geht um die Heiligen Drei Könige auf dem Konstanzer Konzil …

# CASPAR, MELCHIOR UND BALTHASAR

## Die Heiligen Drei Könige auf dem Konzil

Wer kennt nicht die Sternsinger, die zwischen Weihnachten und 6. Januar von Haustür zu Haustür gehen, ein Lied singen und dabei Geld für wohltätige Zwecke sammeln. Verkleidet sind die Kinder immer wie Männer aus dem Morgenland, einer von ihnen hat sich stets das Gesicht schwarz angemalt. Natürlich weiß dann jeder, dass sie die „Heiligen Drei Könige" darstellen wollen, die zum Abschluss an die Türbalken ihre Initialen C, M und B und das jeweilige Jahr mit Kreide schreiben. Andere deuten die Buchstaben als Abkürzung der lateinischen Worte „Christus mansionem beneficat", auf Deutsch „Christus segne dieses Haus."

Zum ersten Mal begegneten den Gläubigen diese drei Gestalten in der Weihnachtsgeschichte des Matthäusevangeliums. Dort werden sie allerdings als „Magier (oder Sterndeuter) aus dem Morgenland" beschrieben, die dem Stern von Bethlehem folgten, um das Christuskind zu finden. Mehr erfährt man im Neuen Testament über sie nicht. Schon früh setzte eine umfangreiche Legendenbildung ein. Spätestens im Mittelalter wurden sie zu einem festen Bestandteil des Weihnachtsbrauchtums. Doch wer waren die drei Gestalten der christlichen Überlieferung? Wie bereits erwähnt, wurden sie in der Bibel „Magier" genannt, was sich wahrscheinlich von dem persischen Wort „Mager" ableitet, womit die Priesterkaste des persischen Propheten Zarathustra gemeint war. Als Sterndeuter, als Astrologen, waren sie im gesamten Nahen Osten hoch geschätzte Weise, deren Rat man ernst nahm. Heute geht man davon aus, dass diese drei Weisen, die dann im Laufe der Jahrhunderte zu Königen wurden, symbolisch für die Welt der Heiden stehen, die den „König der Juden", den Messias suchten.

Im 12. Jahrhundert kam nun das Gerücht auf, dass die Gebeine der Heiligen Drei Könige sich in Mailand befänden. Als 1158 der deutsche Kaiser Friedrich Barbarossa die Stadt belagerte und eroberte, wurden die Reliquien nach Köln gebracht, wo sie sich noch heute im Kölner Dom in einem goldenen Schrein befinden. Im Mittelalter glaubte man, dass sie die ersten christlichen Könige gewesen seien, sozusagen die Vorläufer von Barbarossa.

Als nun das Konzil von Konstanz 1414 Menschen aus aller Welt – vor allem die Mächtigen bzw. ihre Gesandten – anlockte, wurde es recht eng in der Stadt. Der Konzilschronist Ulrich Richental beschrieb in seinem Werk die Ankunft all dieser hohen Herren und versäumte es nicht, zusätzlich deren Wappen in sein Buch aufzunehmen, denn Wappen wa-

*Anbetung der Hl. Drei Könige*

ren früher nichts anderes als das sichtbare Aushängeschild der betreffenden Person und dessen Familie, sozusagen der Personalausweis des Mittelalters, nur leichter zu fälschen. Richental hat uns über 100 solcher Hoheitssymbole überliefert, wobei er sicher nicht selten seiner Fantasie freien Lauf gelassen hat. Immerhin hat er seine Chronik erst Jahre nach dem Konzil verfasst, da verblassen einige Erinnerungen. Manche Wappen sind nur angedeutet, andere sind ohne Beschreibungen aufgenommen worden, als wolle er uns damit beweisen, dass er sich zumindest an den optischen Eindruck noch erinnere. An manchen Stellen ist nur ein Schild mit zwei Strichen angedeutet. Ob er diese zu einem späteren Zeitpunkt ausmalen oder uns nur aufzeigen wollte, dass noch mehr hohe Herren dabei waren, als er in seinem illustrierten Werk auflistet, wissen wir nicht.

Beim Durchblättern finden wir in seiner Chronik plötzlich das Wappen der heiligen drei Könige. Kaum zu glauben. Wie sollen diese drei Heiligen, die vor 2.000 Jahren lebten, in Konstanz gewesen sein, wenn ihre sterblichen Überreste doch in Köln verehrt wurden? Weilten sie durch ein Wunder wieder unter den Lebenden? Oder deutete Richental nur eine Gesandtschaft aus dem Orient an, aus einem Reich, das sich auf unsere drei Könige berief? Weder waren die Könige selbst anwesend, noch gab es ein solches Reich. Haben wir also vor uns ein Zeugnis von Richentals blühender Fantasie? Mit Sicherheit, aber das allein ist es nicht! Da das Konzil von Konstanz ein die gesamte Christenheit betreffendes Großereignis war, gehörte es einfach dazu, auch Personen als Besucher in die Chronik aufzunehmen, die zweifellos nie anwesend waren. Mittelalterliche Chroniken mussten dabei nicht modernen wissenschaftlichen Ansprüchen genügen, Geschichtsschreibung war noch keine Wissenschaft, sondern hatte andere Aufgaben zu erfüllen. Allgemeine Vorstellungen und Erwartungen wurden bedient, nach der Wahrheit fragte man in diesem Zusammenhang nicht, gewisse Ausschmückungen wurden jedem Chronisten zugestanden, ja meist von ihm erwartet.

Es bleibt christlich. Nun erfahren wir mehr darüber, wie die Menschen damals beichteten ...

*Beichtstuhl*

# ZWÖLF BEICHTSTÜHLE

## Sprachvielfalt der Nationen

Europa zu Gast. So das Motto der 600-Jahrfeier des Konzils in Konstanz. Doch was bedeutete dies im Alltag? In den Jahren 1414 bis 1418 traf sich am Bodensee die Elite geistlicher und weltlicher Machthaber. Sie kamen aus aller Herren Länder und sprachen entsprechend viele Sprachen. Für die Geistlichkeit hielten sich die Verständigungsschwierigkeiten in Grenzen. Die meisten waren schlecht oder recht des Lateinischen mächtig, so dass diese überregionale Sprache jederzeit zur Vermittlung herangezogen werden konnte.

Einst war Latein auch die Sprache der Wissenschaft. Die Lateinschule war nicht nur eine Sprach-, sondern auch eine Hochschule. Bis heute gibt es die Redewendung „mit seinem Latein am Ende sein", womit man ausdrückt, dass man nicht mehr weiter weiß. Bei Studenten konnte dies bedeuten, dass sie die Lösung tatsächlich nicht kannten, oder diese mit ihrem Vokabular nicht ausdrücken konnten. Gerne wurde es aber auch von Studenten bei der abendlichen Einkehr genutzt, denn im Wirtshaus wollte sich nicht mehr über den Studienalltag auf Latein austauschen, sondern unterhielt sich feuchtfröhlich auf Deutsch.

Die weltlichen Gäste des Konzils hatten jedoch meist kein großes Vokabular in Latein, so dass die Übersetzter zu dieser Zeit Hochkonjunktur hatten. Doch nicht in allen Lebenslagen wollte man sich eines ungewollten Zuhörers wähnen.

So kam es, dass im Münster die zwölf Beichtstühle mit zwölf Priestern besetzt wurden, die in unterschiedlichen Sprachen das Bußsakrament abhören konnten. Dabei hat der Gläubige die Möglichkeit seine Verfehlungen, die er nach einer gründlichen Gewissenserforschung ausgemacht hat, einem Priester zu bekennen. Grundvoraussetzung ist die Reue und der ſeste Vorsatz künftig sündige Taten zu meiden. Das Beichtgeheimnis hat in der Kirche einen sehr hohen Stellenwert. Die Verletzung zieht eine sofortige Exkommunikation des Priesters mit sich, weswegen er die gebeichteten Sünden nicht weiterverbreiten darf. Der Priester trägt dem Gläubigen ein Reuegebet auf und spricht ihn im Namen Jesu Christi von seinen Sünden los.

Einige „zeitliche Sündenstrafen" konnten jedoch erst im Fegefeuer verbüßt werden. Wollte ein Sünder nach seinem Tod das Fegefeuer kürzer gestalten, blieben Wallfahrten und Gebete. Bis 1567, nachdem Martin Luther den Ablasshandel streng kritisierte und dieser in der Renaissance stark missbraucht worden war, war es möglich sich mit Geld von diesen

Qualen freizukaufen. Daher gab es auch ein gewisses finanzielles Interesse mit den Sündern ein klares Wort in ihrer Muttersprache zu reden. Es lag während des Konstanzer Konzils also im spirituellen, aber auch finanziellen Interesse, die Beichte in zwölf Sprachen abzunehmen.

Wir wollen nun wieder etwas politischer werden und erfahren gleich mehr über Bayern und „Saupreußen“ …

# EIN BAYERISCHES PREUSSEN IN KONSTANZ

## Wie ein Luxemburger einen Bayern zum Stammvater der Preußen machte

Wenn man das Wort „Preußen“ hört, haben die Menschen heutzutage zum Teil sehr unterschiedliche Bilder im Kopf. Manche denken vielleicht an den berühmtesten Preußenkönig Friedrich II., genannt „Der Alte Fritz“, der im 18. Jahrhundert sein Königreich in vier Kriegen zu einer europäischen Großmacht formte. Andere mögen an einen für seine Zeit sehr modernen Teilstaat Deutschlands denken, der die Juden zu Vollbürgern erklärte, hugenottische Flüchtlinge aus Frankreich aufnahm und in den Schulen als Pflichtfach Aufklärungskunde einführte. Doch die meisten verbinden mit Preußen – sei es nun gerechtfertigt oder nicht – ein unsympathisches Kapitel unserer Geschichte, den deutschen Militarismus. In der Tat verdankte Preußen seinen Aufstieg von einer unbedeutenden Landschaft im Osten zur Hegemonialmacht Deutschlands seiner Armee. Niemand hat diesen Umstand so treffend auf den Punkt gebracht wie der französische Staatsmann Gabriel de Mirabeau: „Andere Staaten besitzen eine Armee, Preußen ist eine Armee, die einen Staat besitzt.“
Der Name des Landes leitet sich von den heidnischen Pruzzen ab, einem Volk, das im ausgehenden Mittelalter dort lebte, wo später einmal Ostpreußen gegründet werden sollte. Diese Pruzzen wurden von dem Deutschen Ritterorden unterworfen und christianisiert. Jahrhunderte später nannten sich die Nachkommen dieser Ritter und der aus Deutschland zugezogenen Siedler „Preußen.“ Es ist eines der ganz wenigen Beispiele der Geschichte, dass die Sieger sich den (leicht abgeänderten) Namen der Besiegten gaben. Ein wirkliches Kuriosum.
Noch viel kurioser ist allerdings die weitgehend unbekannte Tatsache, dass eben dieses Preußen seine Geburtsstunde in Konstanz auf dem Konzil erlebte. In jenen Jahren trug es sich nämlich zu, dass König Sigismund neben den kirchlichen Problemen auch „innenpolitischen Baustellen“ seine Aufmerksamkeit widmen musste. Als König des römisch-deutschen Reiches gab es immer etwas zu regeln, einen Erbfolgestreit zu schlichten oder ein Herrschaftsgebiet als Lehen zu vergeben. Ein solches neu zu besetzendes Lehensgut war Brandenburg, die Kernlande des späteren Königreiches Preußen.
Doch Brandenburg war nicht irgendein Glied des Reiches. Wer dort regierte, hatte die Kurwürde inne, er war ein sogenannter Kurfürst. Das Reich hatte sieben Kurfürsten, die seit der Goldenen Bulle von 1356 exklusiv das Recht besaßen, den König des Heiligen Römisch-Deutschen Reiches (das man später „Heiliges Römisches Reich Deutscher Nation“

*König Wenzel*

nannte) zu wählen. Weder der Papst, noch andere Fürsten Europas hatten ein Vetorecht bei dieser Entscheidung. Neben der Königs- bzw. Kaiserwürde war der Titel eines Kurfürsten das höchste Amt im Reich, das mit einem großen Prestige verbunden war. War ein solches Kurfürstentum aus welchem Grund auch immer unbesetzt, hatte der König das Recht, dieses Lehen neu zu vergeben, das dann zu erblichem Besitz der jeweiligen Adelsfamilie wurde. Diese Entscheidung sollte wohl durchdacht sein, denn ein Kurfürst konnte ein mächtiger Verbündeter – oder Feind – des Königs werden.

Als nun Sigismund Brandenburg in Konstanz neu zu vergeben hatte, fiel ihm die Wahl indes nicht schwer. Sein treuer Gefolgsmann Friedrich VI., Burggraf von Nürnberg, sollte es werden. Dieser hatte sich in den letzten Jahren stets als eine der stärksten Stützen des Königs erwiesen und ihm des Öfteren den Rücken freigehalten. Friedrich residierte während des Konzils im Hohen Haus, das noch heute steht und durch seine Fassadenmalerei zu den schönsten mittelalterlichen Gebäuden der Stadt zählt. Es befindet sich übrigens in der Zollernstrasse, die ihren Namen dem Burggrafen verdankt. Friedrich war ein Spross der Fürstenfamilie „Hohenzollern", die ihren Stammsitz in Hechingen auf der Schwäbischen Alb hat. Diese Hohenzollern, die keineswegs ausgestorben sind, waren das letzte Kaisergeschlecht Deutschlands, das bis 1918, bis zum Ende des Ersten Weltkrieges, regierte.

Friedrich war schon vor seiner Erhebung in den Kurfürstenstand ein mächtiger Reichsfürst, aber ohne Brandenburg wäre ihm bzw. seinen Nachfolgern der Aufstieg zum führenden Adelsgeschlecht Deutschlands wohl nie gelungen. So war vor 600 Jahren Konstanz Ausgangspunkt der hohenzollernschen Machtentfaltung. Konkret gefeiert wurde am 18. April 1417. An diesem Tag wurde Friedrich feierlich auf dem heutigen Obermarkt von König Sigismund mit der Markgrafschaft Brandenburg belehnt. Es war eines der großen farbenprächtigen Schauspiele, die die alte Bischofsstadt in jenen Jahren erlebte. Für dieses Belehnungsfest wurde eigens eine Holzbühne hergestellt, die für gut 30 Personen ausgelegt war. Sie war keineswegs eine schiefe „Bretterbude", sondern ein stabiles Konstrukt, reich behangen mit goldenen Tüchern und vom Volk staunend begafft. Der Marktplatz quoll an jenem Tag über vor Menschen. Es schien, als wolle jeder aus der näheren und weiteren Umgebung bei diesem Spektakel dabei sein, denn so etwas bot sich einem nicht oft im Leben. Durch solche Ereignisse wurde das Grau des Alltags einfach etwas bunter. Das Zeremoniell selbst war genauestens einstudiert, nichts wurde dem Zufall überlassen. Auf der Bühne saßen drei Kardinäle neben des Königs Kanzler. Sigismund war in ein goldenes Gewand gehüllt und präsentierte auf seinem Kopf die Reichskrone. Als die Kardinäle demütig vor dem heranschreitenden König aufstanden, dieser sich auf den Thron-

*Belehnung des Burggrafen Friedrch von Nürnberg*

sessel setzte und die Reichsinsignien, Zeichen der Macht des Reiches, gereicht bekam, hätte man eine Stecknadel fallen hören können. Keiner wagte einen Laut von sich zu geben. Plötzlich erklangen Trompetenklänge, um sofort wieder zu verstummen. Nun erschien Friedrich auf dem Podest und kniete vor seinem König, während der Lehenseid laut und deutlich vorgelesen wurde. Er beinhaltete die Rechte und Pflichten des zukünftigen Vasallen. Der Burggraf wiederholte den Eid, erhielt die Fahne seines neuen Besitzes und erhob sich als Kurfürst von Brandenburg, dem späteren Preußen. Mit einem üppigen Festmahl für die Ehrengäste begann anschließend der gemütliche Teil der Feier. Selten hatte Konstanz solch ein Fest erlebt wie damals im Jahre 1417. Noch lange sollten die Konstanzer davon erzählen!

Kommen wir noch einmal zurück zum Anfang unserer kleinen Anekdote. Für uns moderne Menschen des 20. Jahrhunderts klingt die Geschichte irgendwie belustigend und vielleicht auch ein bisschen befremdend:

Vergessen wir nicht, dass Sigismund Mitglied des Hauses Luxemburg war. Luxemburg mag heute ein kleines Land zwischen Frankreich und Deutschland sein, doch in früheren Jahrhunderten stellte jene Adelssippe mehrere Könige und mächtige Fürsten Deutschlands und mit Sigismund selbst einen König von Ungarn. Ihr Stammland, nach dem sie benannt sind, war dabei nie ihre wichtigste Machtbasis, lange Zeit war z.B. Böhmen Teil ihres Familienbesitzes.

Friedrich wiederum war schon vor 1417 Burggraf von Nürnberg. Wenn wir diese schöne fränkische Stadt einfach mal Bayern zuschlagen (wie es heute der Fall ist), kann man feststellen, dass ein Bayer der erste Preuße wurde. Und von dieser „innigen Freundschaft“ zwischen diesen beiden Stämmen Deutschlands hat jeder wohl schon einmal gehört. Wer in Bayern als „Saupreuße“ betitelt wird, ist nicht willkommen. Genauso kann es z.B. einem Rosenheimer ergehen, wenn er in Berlin zum „Drecksbayern“ abgestempelt wird.

So „beförderte“ vor 600 Jahren in Konstanz ein Luxemburger einen Bayern zum Stammvater der Preußen. Geschichte kann manchmal schon amüsant sein!

Man kann also problemlos vom Konstanz der Renaissance eine Brücke über die Hohenzollern bis in das beginnende 20. Jahrhundert, bis in den Ersten Weltkrieg, schlagen.

Jetzt wird es musikalisch ...

*Konstanzer Trompeter*

## RECHT AUF TROMPETER

### Von Tuten und Blasen

Mit dem Mittelalter werden gerne schallende Trompeten verbunden. Doch war dies keinesfalls der Regelfall. Das Instrument war einst den Königen vorbehalten. Mit dem wachsenden Einfluss der Städte erwuchs auch hier das Bedürfnis, dieses königliche Instrument zu spielen. Konstanz hat 1417 durch König Sigismund offiziell das Recht verliehen bekommen, eigene Trompeter zu haben. Er bedankte sich damit für die Organisation und Ausrichtung des Konzils. Da Sigismund bekanntlich selten flüssig war, suchte er gerne nach Anerkennungen, die ihn selbst nichts kosteten. So kam ihm das bis dahin noch nicht erteilte Recht gerade recht. Ob davor die Stadt Konstanz tatsächlich noch keine Trompeter hatte, ist nicht überliefert. Entscheidend für dieses Recht ist wohl weniger das Instrument, sondern vielmehr der Symbolwert. Damit wurde Konstanz als unabhängige Verwaltungseinheit bestätigt.

Bekannt ist, dass in den meisten Städten der höchste Turm mit einem Wächter besetzt war. In Konstanz war dies der Münsterturm. Bevor große Glocken üblich waren, bließ der Türmer tagsüber die vollen Stunden aus. Dies wurde vielerorts mit einer Trompete, einem Horn oder einer Posaune getan. Das wohlklingende Lied sollte die Stadt präsentieren. Häufig fungierte der Türmer auch als Kirchenmusiker, so dass er bei Beerdigungen „Trübsal blasen“ musste. Wollte jemand kein Geld für einen Musiker ausgeben, wurde dieser „sang- und klanglos“ bestattet.

In Kriegszeiten war jeder der 27 Stadttürme mit einem Wachposten besetzt, um frühzeitig auf nahende Gegner reagieren zu können.

Die Nachtstunden wurden durch die Nachtwächter mit einem Horn angeblasen. Es war eine der wenigen Voraussetzungen für dieses schlichte Amt. Wer nicht einmal das konnte, hatte von „tuten und blasen“ keine Ahnung.

Die Konstanzer Orchester, Fanfaren- und Spielmannszüge berufen sich bis heute in ihrer Tradition auf das verliehene Recht von 1417.

Lesen Sie nun sagenhaftes über den Grund der Stadt ...

# STADT AUF ELFENBEIN

## Wie kommt der Rosenkranz in den Bodensee?

Beim Rosenkranzgebet werden in regelmäßiger Abfolge drei Gebete, das „Vaterunser“, das „Ave Maria“ und das „Ehre sei dem Vater“ gebetet.
Im Frühmittelalter wurde ursprünglich nur das Vaterunser (lat. „pater noster“), das wichtigste Gebet der christlichen Liturgie, so häufig hintereinander aufgesagt, dass man bald begann, eine Zählhilfe zu benutzen. Mit Hilfe der „Paternosterschnur“, welche lediglich dem Vaterunsergebet gewidmet war, konnte man nun genau abgestimmte Gebetszyklen einhalten. Hierzu hat man Steine oder Holzkugeln auf eine Schnur aufgefädelt. Jede Kugel stand für ein Gebet. Im 12. Jahrhundert wird besonders durch die Frauenklöster das „Ave Maria“ als Ersatzgebet neben das Vaterunser gestellt.
Die typische Reihenfolge der Perlen, die sich bis heute erhalten hat, ist sicher im Advent 1409 belegt. Einer Legende zufolge soll der Rosenkranz bereits 1208 durch eine Marienerscheinung als Waffe gegen die Katharer übergeben worden sein, einer verfolgten christlichen Glaubensbewegung, aus deren Bezeichnung sich später das Wort „Ketzer“ für Irrgläubige entwickelt hat.
Der Begriff „Rosenkranz“, der mit seiner Bezeichnung an den Rosengarten und damit an die jungfräuliche Maria erinnern soll, bürgerte sich zu Beginn des 15. Jahrhunderts ein. In der mittelhochdeutschen Legendensammlung „Alte Passional“ wird das „Gegrüßet seist Du Maria“ mit einer himmlischen Rose verglichen. Durch die Zusammenkunft aller Glaubensrichtungen beim Konstanzer Konzil wurde diese Gebetskette bald in der ganzen Christenheit bekannt und beliebt.
Einer Legende zufolge soll der Konstanzer Heinrich von Suso (1295–1366) dem Rosenkranz den Namen gegeben haben. Im Mittelalter haben Verliebte Rosenkränze geflochten. Heinrich von Suso, nach dem ein Gymnasium in Konstanz benannt wurde, war in die Mutter Gottes verliebt, so dass er diesen Namen eingeführt haben soll.
Reisende und Pilger liebten es schon damals Souvenirs zu kaufen. Besonders Rosenkränze aus der Bischofsstadt waren beliebt, deren Perlen gerne aus Knochen gefertigt wurden. Dies begründete einen eigenen Berufsstand, den des „Paternosters“. Die kostbarsten wurden aus Elfenbein hergestellt und waren als „Rosarium Eburneum Constantium“ weithin bekannt. Überliefert sind die weiten Handelsrouten der Konstanzer Kaufleute. Sie reichten bis nach Isfahan im heutigen Iran. Darüber, dass eine bedeutende Menge Elfenbein den Weg an den Bodensee gefunden

hätte, schweigen sich die Quellen jedoch aus und auch darüber, ob das Haus zum Elefanten in der Salmannsweilergasse von einem Elfenbeinhändler errichtet wurde. Es wird 1383 erstmals urkundlich erwähnt, im Gegensatz zur Inschrift am Haus, die 1468 angibt. Seit den 1930er Jahren ist dort eine Gaststätte.
Wo gehobelt wird, da fallen Späne. Beim Ausarbeiten der Elfenbeinperlen soll so viel Abfall entstanden sein, dass sich die Entsorgung zu einer schwierigen Aufgabe gestaltet haben soll. Das Festland von Konstanz war ursprünglich sehr viel kleiner. Der See plätscherte einst bis zur heutigen Hohenhausgasse. Wo das heutige Hohe Haus steht, war bis ins 12. Jahrhundert noch ein Fischmarkt mit den hölzernen Hütten der Fischer ringsum. Das Wandbild von Emil Brandes an der Giebelseite zur Zollernstraße erinnert bis heute an diesen ehemaligen Fischmarkt.
Doch nun begann man den See aufzuschütten, um bestes Bauland in exponierter Lage zu erschließen. Man trieb die Stadterweiterung in den See hinein und gewann so ganz nebenbei noch einen tiefen, ganzjährig beschiffbaren Hafen.
Die Arbeiter schlugen unzählige Holzstämme in den weichen Seeboden und verfüllten die Zwischenräume mit allerlei Schutt. Während des Konzils zählten viele Besucher eins und eins zusammen und mutmaßten, dass die Bischofsstadt auf Elfenbeinkügelchen, also den Resten der Elfenbeinbearbeitung, errichtet sei.
Vielleicht mag der Seeton, auf dem Konstanz gegründet ist, mit etwas Fantasie wie kleine Brocken dieser Elefantenstoßzähne aussehen. Doch ist Elfenbeinmehl bestimmt nicht als Baugrund geeignet. Auch kann man sich nur sehr schwer vorstellen, dass so große Mengen an Stoßzähnen über die Alpen transportiert wurden, dass ihre Reste ausreichende Mengen ergäben, um eine nennenswerte Fläche aufzufüllen.

Wussten Sie, dass in Konstanz eine besondere Frau zum vierten Mal heiliggesprochen wurde …?

## BIRGITTA VON SCHWEDEN

**Wie wird man vier Mal heiliggesprochen?**

Heißen Sie Birgit, Brigitte, Britta oder Gitte? Dann wissen Sie sicher, dass Ihr Namenstag nach der Heiligen Birgitta von Schweden am 8. Oktober gefeiert wird. Doch lesen Sie unbedingt weiter, falls Sie noch mehr Interessantes über Ihre Namenspatronin und deren Heiligsprechung erfahren wollen.

Ist dieser Frauenname in Skandinavien schon lange beliebt, kam er im deutschen Sprachraum ab den 1920er Jahren in Mode. Kein Wunder, dass der schwedische Graf Lennart Bernadotte, der die Bodenseeinsel Mainau zur beliebten Blumeninsel ausbaute, seine erstgeborene Tochter nach dieser Heiligen benannte. Den Gipfel erreicht die Beliebtheit Anfang der 1950er Jahre, als Brigitte zum meist getauften weiblichen Vornamen wurde. Der Name soll aus der keltischen Sprache stammen und „die Erhabene“ bedeuten.

Das besondere an der Heiligen Brigitta von Schweden ist, dass sie insgesamt viermal heiliggesprochen wurde, und das letzte Mal auf dem Konzil zu Konstanz. Warum? Das kam so: Birgitta Birgersdotter wurde 1303 im schwedischen Finsta in guten Verhältnissen geboren. Über ihre Mutter war sie mit dem Königshaus verwandt. Bereits als Kind hatte sie Visionen. Ihr erschien die Jungfrau Maria, die ihr eine goldene Krone aufs Haupt setzte, Jesus von Nazareth als Neugeborener und später als gekreuzigter Christus. Mit fortgeschrittenem Alter hat sie ihre Visionen aufgeschrieben. Diese Aufzeichnungen wurden ab 1475 veröffentlicht. Sie wurden in vielen Sprachen mit Holzschnitten verziert publiziert und hatten somit großen Einfluss auf die Volksfrömmigkeit und die Darstellungsweise biblischer Szenen. Es ist den Visionen Birgittas von Schweden zu verdanken, dass wir uns Maria nach der Geburt des Jesuskindes als anbetende Gottesmutter vorstellen. Sie beschrieb als erstes dieses Motiv. So zeigen sich ihre Darstellungen beispielsweise in den Werken von Matthias Grünewald (Isenheimer Altar, 1475) oder Martin Schongauer. Mit 13 Jahren wurde sie mit dem fünf Jahre älteren Edlen Ademar Ulf Gudmarsson (1297–1344) verheiratet. Frauen am Rande der Gesellschaft unterstützte sie. 1335 wurde sie Hofmeisterin bei Königin Blanche von Namur (1320–1363). Sie brachte acht Kinder zur Welt, wobei ihre Tochter Merete Erzieherin der jungen schwedischen Königin Margarethe I. (1353–1412) wurde.

Nach dem Tod ihres Mannes glaubte Brigitta, sie sei „Braut und Sprachrohr Christi“ und lebte fortan in Askese. Kurz vor ihrem Tod genehmigte

Papst Urban V. die Gründung des Erlöserordens, Birgitten genannt, ein Doppelorden für Nonnen und Mönche. Heute gibt es weltweit über 45 Klöster, die sich auf die Heilige Birgitta von Schweden berufen.
Sie griff zu Lebzeiten aktiv in die Friedenspolitik ein, etwa beim Hundertjährigen Krieg zwischen Frankreich und England und kämpfte gegen die drohende Kirchenspaltung, die ab 1378 traurige Realität wurde.
Im Alter von 69 Jahren pilgerte sie nach Jerusalem und verstarb bald danach 1373 in ihrem Wohnhaus an der Piazza Farnese in Rom.
Auf dem Konstanzer Konzil wurden ihre Visionen kontrovers diskutiert. Den schwedischen Teilnehmern lag die Heilige Birgitta sehr am Herzen. Nach der ersten Heiligsprechung 1391 durch den Papst in Rom folgten die der Gegenpäpste in Avignon und Pisa. Doch die schwedische Delegation, die damals noch ein Teil der deutschen war, wollte unbedingt, dass ihre Birgitta heiliggesprochen wurde. Dies konnte nur der echte Vertreter des Heiligen Stuhls als Nachfolger Petris. Doch welcher war der richtige? War es überhaupt einer der amtierenden? Diese Frage war ja nicht zuletzt der Grund, warum das Konzil in Konstanz einberufen wurde. Um sicher zu gehen, dass sich alles in ihrem Sinne entwickelte, haben die Schweden bei den Verhandlungen um die Zukunft der Kirche eine klare Stellung bezogen. Daher war es kein Wunder, sondern das Ergebnis einer eisernen Verhandlungsstrategie, dass der neue Papst Martin V. bereits wenige Stunden nach seiner Krönung im Jahr 1417 die Heilige Birgitta nun endlich, und damit zum vierten Male, heiligsprach. Diese Papstkrönung beendete das Schisma, die Kirchenspaltung, gegen die Birgitta von Schweden ein Leben lang so erbittert gekämpft hatte.
Obwohl in Skandinavien die meisten Bürger heute evangelisch sind und der protestantische Glaube keine Heiligenverehrung kennt, gilt Brigitta auch dort als wichtige Glaubenszeugin und Mystikerin, die mit ihrer starken Gotteserfahrung ein Vorbild für die Christenheit darstellt. Ihr gilt ein Gedenktag am 23. Juli, der von der katholischen, der evangelischen und der anglikanischen Kirche begangen wird
Eine weitere Ehre kam ihrem Schaffen fast 600 Jahre später zuteil. Papst Johannes Paul II. (1920–2005) sprach sie gemeinsam mit Katharina von Siena, die als Kirchenlehrerin zwischen 1347 und 1380 wirkte, zur Patronin Europas. Dies unterstreicht den Geist Birgittas von Schweden, mit dem sie Zeit ihres Lebens versuchte die Nationen und Religionen Europas zu einen – eine wahre Europäerin.

Wir verlassen nun die Welt der Heiligen und hören gleich von Zuhältern, Fluchenden und Mördern …

*Hinterhof Goldener Löwe und Hohen Hirschen*

## DER HINGERICHTETE ZUHÄLTER UND ANDERE VERBRECHER

**Wie die Konzilsstadt Schauplatz von Mord und Verbrechen wurde**

Auch wenn – wie in der Sage über die abgehackten Hände berichtet – Konstanz während des Konzils kein Ort permanenter Gewaltorgien war, musste man natürlich immer auf der Hut sein, denn wie schon eine österreichische Musikgruppe des späten 20. Jahrhunderts zutreffend feststellte: „Das Böse ist immer und überall!" Denn das Konstanzer Konzil zog seidene, aber auch halbseidene Personen an. So ist es schaurig faszinierend zu erfahren, welche Verbrechen vor 600 Jahren die Menschen bei uns am See erschütterten – und wie die Täter bestraft wurden, wenn man ihrer habhaft wurde.

So mancher Taschendieb, Trickbetrüger oder Spieler kam damals in die Stadt. Sie arbeiteten nach genau ausgearbeiteten Methoden um die Menschen hinters Licht zu führen und sie dann um ihr Erspartes zu erleichtern. Doch die Stadt am Bodensee wollte das nicht dulden und erließ Verordnungen um dem Treiben Einhalt zu gebieten. So wissen wir, dass Spielbetrügern mit gezinkten Würfeln, die an einer Seite beschwert wurden, um dem Glück etwas nachzuhelfen, hart bestraft wurden. Um die überfüllte Stadt vor einer Massenpanik und den daraus resultierenden Folgen zu bewahren, spannte man an bestimmten Plätzen und Wegkreuzungen Ketten, um dort große Menschenansammlungen zu verhindern. Nachts sorgten Doppelschichten der Nachtwächter zusätzlich für mehr Sicherheit.

Im Frühjahr 1415 wurde ein Mann in Konstanz zum Tode verurteilt und im See ertränkt, weil er ein wahrhaft abscheuliches Verbrechen begangen hatte. Er zwang ein minderjähriges Mädchen zur Prostitution, das „noch ein törichtes Kind war und ohne Brüste". Einem anderen Mann hat er gegen Geld das Kind angeboten, damit dieser alle gewünschten sexuellen Handlungen an dem Mädchen vornehmen könne. Dabei habe die Kleine so sehr gelitten, dass der Stadtschreiber, der den Vorfall in den Akten festhielt, sich außerstande sah, weitere Details aufzuschreiben. Kinderprostitution galt damals – wie heute – als besonders niederträchtiges Verbrechen. Entsprechend hart war die Strafe.

Doch Hinrichtungen waren die Ausnahme. Richental vermerkt in seiner Chronik, dass während des Konzils der Henker „nur" 22 mal aktiv werden musste. Für damalige Verhältnisse war dies wohl nicht besonders häufig.

1417 wurde der Luzerner Probst auf der Predigerbrücke, die die Konstanzer Seeinsel (heute Inselhotel) mit der Stadt verband, heimtückisch

ermordet. Der Täter konnte man habhaft werden. Sie wurden von einem Pferd durch die Gassen der Stadt geschleift und auf dem Richtplatz öffentlich gerädert, d.h. zuerst wurden möglichst viele Knochen im Leib gebrochen, indem der Scharfrichter das sogenannte Richtrad mehrmals auf den Verurteilten fallen ließ. Anschließend wurde der Verstümmelte in ein anderes Rad geflochten, was durch die gebrochenen Glieder möglich war. Das Rad wurde dann an einen Pfahl aufgerichtet und der Geräderte starb qualvoll an seinen Verletzungen. Das Ganze war zweifellos eine der grausamsten Hinrichtungsmethoden.
Zwei Totschläger wurden während des Konzils enthauptet, was gemessen am Rädern geradezu human anmutet. Der Knecht eines Raubritters wurde gefasst und ertränkt. Auch Diebstähle wurden nicht selten mit der Todesstrafe gesühnt. 1416 wurde eine Frau, die lediglich einen Tonkrug entwendet hatte, zum Tod durch Ertrinken verurteilt.
Ein besonders makaberer Vorschlag soll hier auch noch Erwähnung finden: Eine anonym gebliebene Person verfasste ein „Rezept", wie man mit dem Konzilsklerus angesichts der in der Kirche allgegenwärtigen Korruption und Verkommenheit verfahren solle. Dem „Magen des Heiligen Petrus" gehe es wieder besser, wenn man „24 Kardinäle nehme, 100 Erzbischöfe und Prälaten aus aller Herren Länder und von den Kurialen so viele, wie man zur Hand hat. Man tauche sie in das Wasser des Rheins ein und lasse sie dort über drei Tage untergetaucht."
Was mit diesem „Hobbykoch" geschehen wäre, wenn man seine Identität aufgedeckt hätte, kann man nur vermuten.

Nun wollen wir diese blutigen Geschichten hinter uns lassen und einen wahren Zauberer kennenlernen…

## ZAUBERER ABRAHAM VON WORMS

### Magisches Stelldichein am Bodensee

Das Konstanzer Konzil von 1414 bis 1418 hat sich zu einem Schmelztiegel der Kulturen und Religionen entwickelt. Alle Herrschaftshäuser Europas haben ihre Vertreter an die Metropole am Bodensee gesendet um ihre Interessen zu vertreten. Ein gewichtiger Punkt war die Findung eines Religionsoberhauptes. Dabei ging es jedoch keineswegs nur um eine Personalie. Es sollte Einigung gefunden werden über den rechten Glauben. Hierzu haben alle abrahamitischen Religionen, also das Judentum, das Christentum und den Islam, Ihre Vertreter nach Konstanz geschickt. Glaubt man auch gemeinsam an einen Gott (Monotheismus), gibt es trotzdem große Unterschiede in der Ausübung dieser Religionen in der Praxis.

In Konstanz weilte eine jüdische Delegation, um die Interessen der ältesten abrahamitischen Religion zu vertreten. Wer genau anwesend gewesen sein soll, ist unklar. Immer wieder fällt jedoch der Name Abraham von Worms, doch wer war dieser magische Mann?

Im Jahre 1387 soll er das „Buch der wahren Praktik in der uralten göttlichen Magie" unter dem Namen „Abraham ben Rabbi Shimon bar Jehuda ben Rabbi" geschrieben haben. Darin beschreibt er seine Lebensgeschichte, die ihn an viele Orte geführt haben soll. An denen hatte er Gelegenheit erhalten, alte Handschriften magischen Inhalts abschreiben zu dürfen. Auch ließ er sich von einem Eremiten am Nil über Magie belehren. Er schreibt über nützliche Rezepte, mit deren Hilfe man bei Gefahr Felsen oder Berge zerteilen, Türen aufsprengen oder sich notfalls unsichtbar machen kann. Auch ist zu lesen, wie man sich nützliche Schutzengel herbeiruft.

Abraham von Worms wurde bekannt, als Peter Hammer im Jahre 1725 seine Schriften mit dem vermeintlich längsten Titel in Köln veröffentlichte: „Des Juden Abraham von Worms Buch der wahren Praktik in der uralten göttlichen Magie und in erstaunlichen Dingen, wie sie durch die heilige Kabbala und durch Elohym mitgeteilt worden samt der Geister- und Wunderherrschaft, welche Moses in der Wüste aus dem feurigen Busch erlernet, alle Verborgenheit der Kabbala umfassen. Aus der hebräischen Pergament-Handschrift von 1387 im XVII. Jahrhundert verteutscht und wortgetreu herausgegeben."

Abraham von Worms soll hohe Kirchenfunktionäre beraten haben. So etwa Kaiser Sigismund und Papst Johannes XXIII., die gemeinsam das Konstanzer Konzil einberufen hatten. Für Johannes war diese Beratung

jedoch nur suboptimal, da er letztlich von seinem Amt zurücktreten musste. Im Gegensatz zum Kirchenkritiker Jan Hus oder Hieronymus von Prag wurde er immerhin nicht zum Tode verurteilt. Inwieweit ihm der Magier dabei behilflich war, ist nicht belegt.
Oddo di Colonna soll sich gleichfalls von Abraham von Worms beraten lassen haben. Dies verlief wohl deutlich günstiger, da dieser zum ersten und bis heute einzigen Papst wurde, der nördlich der Alpen gewählt wurde. Er nannte sich fortan Papst Martin V., mit ihm endete die Kirchenspaltung – vorläufig.
Nach dem Konstanzer Konzil soll Abraham von Worms einige Voraussagen getroffen haben. Kaiser Manuel II. schrieb er 1424 einen Brief nach Konstantinopel, worin er den Untergang des Byzantinischen Reiches prophezeite. Als 1453 die Stadt am Bosporus durch osmanische Truppen überrannt wurde, sollte der Magier bestätigt werden.
Ein Glück, hat er solch böse Omen für Konstanz und den Bodensee nicht hinterlassen.

Gleich werden wir von märchenhaften Königen aus Afrika und dem Fernen Osten lesen …

# DIE WELT ZU GAST IN KONSTANZ

**Wie Äthiopier, Tataren, der Sultan von Babylonien und zahlreiche Inder vor 600 Jahren Konstanz besuchten**

Das Konzil von Konstanz war sehr gut besucht. Alles, was Rang und Namen hatte, war selbst vor Ort oder schickte Gesandte. Da zu Beginn niemand wissen konnte, dass diese Kirchenversammlung vier Jahre dauern sollte, machte man sich zunächst auch keine Gedanken über die Finanzierung von diplomatischen Missionen am Bodensee. Bis dahin hatte kein Konzil auch nur annähernd so lange gedauert. Die Teilnehmer rechneten mit einer Dauer von ein paar Monaten, ein Jahr schien schon großzügig gerechnet.

Dass ein solches außerordentliches Ereignis, immerhin das größte des Mittelalters, die Menschen anzog, liegt auf der Hand. So kamen sie alle – und auch wenn sie nicht kamen, wurden sie in der Chronik des Ulrich Richental aufgelistet. Wie in der Sage über den Besuch der Heiligen Drei Könige auf dem Konzil weiter oben schon beschrieben wurde, gehörte es zu den Aufgaben eines Chronisten, die Wahrheit ein bisschen auszuschmücken, um den Erwartungen der Leser zu entsprechen. Wissenschaftliche Exaktheit wurde nicht angestrebt, war damals noch unbekannt. So blieb es nicht aus, dass sich in Richentals Werk Persönlichkeiten finden, deren Anwesenheit auf dem Konzil zu Konstanz bezweifelt werden darf.

Dass die Heiligen Drei Könige nicht zugegen waren, liegt auf der Hand. Doch wie sieht es mit dem König von Äthiopien aus, mit den Tataren, dem Sultan von Babylon oder den Herrschern von Indien? Sie alle wurden bei Richental erwähnt.

Äthiopien war schon den Griechen als Land südlich von Ägypten bekannt. Anfang des 4. Jahrhunderts verbreitete sich dort das Christentum. Es zählt zu den ältesten christlichen Ländern der Welt. Im Mittelalter befand es sich ganz am Rande des Blickfeldes des christlichen Abendlandes bzw. war einige Jahrhunderte diesem ganz entschwunden. Zur Zeit des Konstanzer Konzils wurde es auch immer wieder mit dem Reich des Priesterkönigs Johannes in Verbindung gebracht. Wie dem auch sei, es war ein Land weit, weit weg von Europa und es ist zu bezweifeln, dass Gesandte des äthiopischen Herrschers damals wirklich am Bodensee waren. Aber wer weiß, vielleicht waren auch Hochstapler vor Ort, die sich orientalisch kleideten, das Gesicht schwärzten und als Gesandte des einen oder anderen Königs eines fernen Landes ausgaben, um entsprechende Gastfreundschaft in Anspruch nehmen zu können. Doch Genaueres darüber ist nicht überliefert.

*Hl. Drei Könige in Konstanz*

Nicht anders verhält es sich mit dem König von Armenien. Auch dieses Land wurde früh christianisiert. Die Armenier nehmen sogar für sich in Anspruch, im ersten christlich geprägten Land der Welt zu leben. Doch über solche Superlative sollen andere streiten. Ob wirklich eine Gesandtschaft aus Armenien in Konstanz war, kann nicht sicher festgestellt werden, aber es ist doch schon wesentlich wahrscheinlicher als im Falle Äthiopiens.
Ganz anders sieht es da beim Sultan von Babylon aus. Als zumindest nominell bedeutendster Herrscher der islamischen Welt wird er selbst auf keinen Fall am Bodensee gewesen sein. Selbst einen Konzilsdiplomaten in seinem Auftrag wird es wohl nie gegeben haben.
Des Weiteren erwähnt Richental auch Vertreter der Tataren, eines Volkes, das aus dem Herzen Asiens kommend, große Teile Osteuropas, vor allem das heutige Russland, eroberte hatte und sich mehrheitlich zum Islam bekannte. Die Tataren waren über Jahrhunderte ein Schrecken für das Abendland. Man sah in ihnen eine wilde Horde gefährlicher Krieger, denen man wenn möglich aus dem Weg ging. Waren sie in Konstanz? Wohl eher nicht.
Bleibt noch ein letzter exotischer Hinweis in der Chronik. Richental führt die Wappen der Könige von Hinter-, Mittel- und Vorderindien auf. Was meinte er damit? Wir wissen es nicht genau. In der Sage über den Priesterkönig Johannes wurde bereits beschrieben, dass Indien für die Menschen des Mittelalters nur ein Synonym war für „Irgendwo weit im Osten oder im Süden." Wenn Richental z.B. Hinterindien auflistet, mag der moderne Leser damit die Region östlich des heutigen Staates Indien verbinden, also Vietnam, Laos, Burma, doch der europäische Mensch des 15. Jahrhunderts wusste von all dem nichts. Die Begriffe „Vorder- Mittel und Hinterindien" sollen nur grobe geographische Richtungen angeben. Könige solcher Reiche gab es nie, zumindest nicht zur Zeit des Konzils.
Wir sehen also, auch wenn nicht alle dabei waren, war doch die Welt zu Gast in Konstanz, als das Konzil vor 600 Jahren die Aufmerksamkeit (nicht nur) des Abendlandes auf sich zog.

Erfahren Sie nun mehr über einen flüchtenden Papst…

*Flucht des Papstes*

# DIE SPEKTAKULÄRE FLUCHT

**Der Knappe Baldassare reitet aus**

Ursprünglich meinte Papst Johannes XXIII. mit der Einberufung des große Konzils zu Konstanz seine Macht zu sichern und als alleiniger Papst die Geschicke der Kirche zu leiten. Doch hatte sein Mitstreiter König Sigismund genau das Gleiche für sich im Sinn. Er wollte römisch-deutscher Kaiser werden und benötigte dazu einen starken Papst. Wer dies war, sollte für ihn zweitrangig sein.

Baldassare Cossa hatte als Papst Johannes XXIII. in Pisa gegen zwei andere Päpste, einer in Rom und einer in Avignon, zu kämpfen. Er ging mit König Sigismund das Bündnis ein, und versprach von seinem Amt zurückzutreten, wenn dies die beiden anderen Päpsten auch täten. Er war der einzige Stellvertreter Petri, der tatsächlich auch persönlich nach Konstanz kam, um seine Interessen dort durchzusetzen. Er kämpfte um eine Absetzung seiner Konkurrenten. Doch er wurde bespitzelt und es kamen Gerüchte um seine eigene Absetzung auf, so dass er um seine Sicherheit fürchtete. Als ihm 1415 gewahr wurde, dass er sein Amt abtreten musste, entschloss er sich am 20. März zur Flucht.

König Sigismund hatte alle Tore der Stadt vorsorglich schließen lassen. Durch ein Täuschungsmanöver gelang es jedoch seinem Verbündeten Friedrich „mit den leeren Taschen" IV. von Österreich durch das Emmishofer Tor zu reiten. Als dessen scheinbar unbedeutender Knappe, in einfachem Gewand verkleidet, war der Gegenpapst mit von der Partie. Sein Weg führte ihn durch Steckborn und angeblich nach Ermatingen, wo er die Groppenfasnacht begründet haben soll. Weiter ging die Reise über das habsburgische Schaffhausen nach Breisach.

Der Gegenpapst plante nach Avignon weiterzureisen, um das Konzil dort fortzuführen. Er hoffte, dass möglichst viele Konzilsteilnehmer ihm folgen würden. Die Nachricht des abgereisten Papstes erschütterte die Teilnehmer, doch wollten sie unbedingt das Konzil in Konstanz fortsetzen.

Reichsvikar und Reichsrichter Kurfürst Ludwig III. von der Pfalz bekam von König Sigismund schließlich den Befehl den flüchtigen Papst zu inhaftieren. Dies geschah am 29. April in Breisach. Im Kerker von Gottlieben erhielt er am 31. Mai seine Absetzung zugestellt und endete schließlich im Gefängnis des Heidelberger Schlosses. Im Frühjahr 1416 wurde bekannt, dass eine Befreiung geplant wurde, so dass er auf Burg Eichelsheim, im heutigen Stadtgebiet von Mannheim, verlegt wurde. Seine Haftbedingungen beschrieb der für damalige Verhältnisse groß

gewachsene Mann: „Meine Unterkunft war beengt, ich schlief mit verkrümmten Gliedmaßen, mein Bett war kurz und ich musste schmutzige Kleider tragen. Nichts Gutes ist mir vom Pfalzgrafen widerfahren, sondern Gespött und mancherlei Kränkung hatte ich zu erdulden." Erst im Frühjahr 1419 wurde die Haft aufgehoben.
Dem neuen Papst Martin V. warf sich Baldassare Cossa zu Füßen und bat ihn persönlich um Begnadigung. Der willigte ein und ernannte Cossa sogar zum Kardinalsbischof von Tusculum und zum Dekan des Kardinalskollegiums. Doch waren die Leiden der Gefangenschaft für seinen Körper zu schwer. Am 22. Dezember 1419 starb er im Alter von etwa 50 Jahren in Florenz.

Damals wurde auch viel getanzt. Dazu jetzt mehr ...

# DIE RATSSTUBE ALS TANZHAUS

## Ausgelassene Stimmung bei der Stadtverwaltung

Während des Konstanzer Konzils waren gesellschaftsfähige Räumlichkeiten Mangelware bei der Vielzahl von hohen Besuchern in der Stadt. So kam es, dass auch an Orten ausgiebig gefeiert wurde, wo es sonst sehr sittsam zuging. Das Rathaus wurde von den Patriziern zu adligem Tanzvergnügen missbraucht, „dadurch ist reichlich Gerede entstanden, dass dieser oder jener dort tanzen durfte und der andere nicht".
Die Aufregung endete in einem Beschluss, der 1420 im Ratsbuch festgehalten wurde, „dass die Ratsstube eine Ratsstube sei und kein Tanzhaus". Um der Gesinnung der Stadträte auf die Sprünge zu helfen, wurde ein Wandteppich in Auftrag gegeben, der als moralischer Wegweiser dienen sollte. Auf ihm war die Schar der Verdammten zu sehen, die vor dem Thron des höchsten Richters den Höllenstrafen übergeben wurden. Für das Mittelalter war dies typisch. Man hatte immer das Fegefeuer vor Augen und einen direkten Richterspruch Gottes im Nacken. Doch musste man sich hüten, bestimmte Dinge nicht gleich auszusprechen, da sie sonst eintreten würden. Auf dem Wandteppich war der Satan sicher nicht selbst abgebildet. Man glaubte damals, er würde einen unverzüglich in die Hölle abholen, wenn man seinen Namen aussprach oder sein Antlitz zeichnete. Darum sagen wir noch bis heute: „Wir wollen den Teufel doch nicht gleich an die Wand malen!"

Zurück in das Jahr 1414, zu einer besonderen Weihnachtsmesse ...

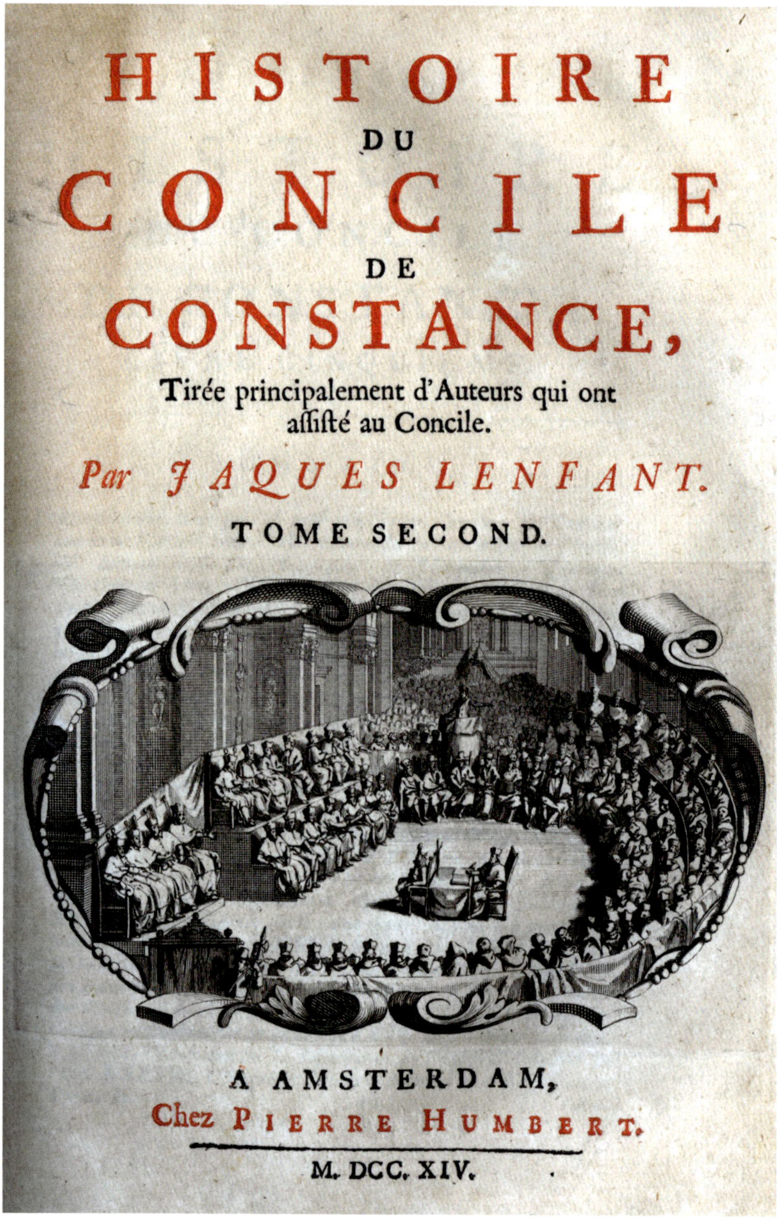

HISTOIRE

DU

CONCILE

DE

CONSTANCE,

Tirée principalement d'Auteurs qui ont
assisté au Concile.

*Par JAQUES LENFANT.*

TOME SECOND.

A AMSTERDAM,

Chez PIERRE HUMBERT.

M. DCC. XIV.

*Große Konzilsversammlung*

# DIE LÄNGSTE HEILIGE NACHT

**Warum die Geburt Christi so lange auf sich warten ließ?**

Weihnachten ist ein hohes Fest. Gerade in der Volksfrömmigkeit genießt die jungfräuliche Geburt Jesu an Heiligabend große Beliebtheit. Obwohl einige Adelsleute zu diesem Termin Essen an Bedürftige verteilten, entwickelte sich erst seit dem 15. Jahrhundert, in der Zeit des Konstanzer Konzils, Weihnachten zu einem Gabenfest.
Kurz nach der großen Kirchenversammlung am Bodensee, im Jahre 1419, ist erstmals ein Weihnachtsbaum, der mit Äpfeln, Lebkuchen und Nüssen geschmückt ist, im Freiburger Heilig-Geist-Spital erwähnt. Hat etwa das Konstanzer Konzil zu seiner Verbreitung geführt? Einst wurde bei der Übereignung von Grundstücken symbolisch ein grüner Zweig überreicht, woher der Ausdruck „nie auf einen grünen Zweig zu kommen“, wenn man es zu keinem Wohlstand bringen wird, kommt. Daneben steht ein grüner Zweig aber auch für Hoffnung und neues Leben.
Die Hoffnung sorgte auch dafür, dass die Konstanzer Bürger im Jahre 1414 nicht den Mut verloren. Es sollte ein großes Christfest gefeiert werden, dessen Ehrengast niemand geringeres als König Sigismund war. Eine große Menschenmasse wartete rund um das Münster, um diesen hohen Gast gebührend zu empfangen. In der Kirche waren alle Plätze mit den höchsten Würdenträgern besetzt. Doch es wurde ein langer Abend: Mit seiner Gemahlin Barbara von Cilli hielt sich König Sigismund noch in Überlingen auf und bat darum, mit der Feier doch bitte auf ihn zu warten. Die Geduld der Menschen wurde bis in die Nacht strapaziert, bis die hohen Gäste endlich in Konstanz eintrafen. Doch anstatt gleich ins Münster zu reiten, wollte das Königspaar lieber noch einen kurzen Zwischenstopp im Rathaus einlegen. In eisiger Kälte harrten die Bürger von Konstanz geduldig in und vor dem Münster aus. Somit war es bereits eine lange Heilige Nacht geworden, bis König Sigismund mit Gemahlin und Gefolge nach kalten elf Stunden im Münster eintrafen. Die Sonne stieg bereits über den Dächern auf, als nach dem Hochamt die Kirchgänger das Münster verließen. Die Menschen hatten gefroren und waren sicher übernächtigt. Doch das Warten hatte sich gelohnt, hatte man doch den gut aussehenden König Sigismund nebst schöner Gemahlin persönlich bei Tageslicht bestaunen können.

Wechseln wir nun zur dunklen Seite und lesen von wahrhaft Dämonischem …

# DÄMONISCHE DIRNEN

## Vom ältesten Gewerbe der Welt und seinen Gefahren

Das Mittelalter, besonders das Spätmittelalter, das allmählich in die Neuzeit überging, war eine Zeit intensiven Aberglaubens. Für die Menschen des 15. Jahrhunderts war die Welt erfüllt von Geistern und Dämonen, Teufeln und Schattenwesen aller Art. An jeder Ecke drohte Unheil für Leib und Seele. Die Sünde lockte in vielerlei Gestalt. Und wenn ein Dämon die Gestalt einer jungen hübschen Frau annahm, war es für die Männer besonders schwer zu widerstehen. Die dämonologische Welt wurde eingeteilt in weibliche und männliche Dämonen. Die weiblichen, die sogenannten Sukkuben – übersetzt die „unten liegende" – standen den männlichen, den sogenannten Inkuben („oben liegende") gegenüber.

Solche Sukkuben raubten den Männern ihren Samen, um damit nun als männlicher Inkubus ein sogenanntes Teufelskind mit einer verführten Frau zu zeugen. Dies war nicht anders möglich, denn nach damaliger Vorstellung waren der Teufel selbst und all seine höllischen Kreaturen unfruchtbar. Ohne Samenraub war die Erschaffung eines dämonischen Kindes nicht möglich.

Als nun das Konzil von Konstanz seine Pforten öffnete, sollen einem alten Bericht zufolge sich Scharen von Sukkuben in der Stadt am See eingefunden haben. Getarnt waren sie als schöne Hübschlerinnen, die sich erfolgreich den Männern darboten. Unmengen von Geld sollen sie mit der Sünde verdient und nebenbei die Seelen der Freier – nicht selten auch Geistliche – für ihren Herrn und Meister, den Fürsten der Finsternis, gewonnen haben.

Ob solche Berichte die Männer davon abhielten, zukünftig sündige Orte aktiv aufzusuchen, kann durchaus bezweifelt werden. Denn nicht wenige Herren waren – und sind – der Meinung, dass ein Leben ohne Sünde mit Sicherheit sehr friedlich und ruhig wäre – aber verdammt langweilig.

Nun laden wir euch dazu ein, mehr zu erfahren über eitle Frauen und ihre viel zu teuren Kleider …

## VON GROSSEN AUSSCHNITTEN UND LUXUS-VERBOTEN

**Ist zu viel Luxus ein öffentliches Ärgernis oder gar eine Sünde?**

Kleider machen Leute! Nicht nur in Konstanz, nicht nur zur Zeit des Konzils. Durch Kleidung kann man sich von seinen Mitmenschen abgrenzen und sich selbst einen Platz in der Gesellschaft geben. Selbst kleinste Details können dabei Hinweise geben, welchen Rang der betreffende Mensch im wahrsten Sinne des Wortes bekleidet. All dies war in einer hierarchisch organisierten Gesellschaft wie der des Spätmittelalters besonders wichtig. „Damit niemand den anderen herausfordert, ordnete man durch das Gewand alle Menschen nach ihrem Stand", wusste schon ein Dichter jener Zeit zu berichten. Insbesondere für die Oberschicht war es enorm wichtig, galt es geradezu als Pflicht, sich standesgemäß in der Öffentlichkeit zu zeigen und dadurch von seinen Zeitgenossen abzugrenzen. In einem alten Text zu Konstanz ist zu lesen, dass jedem Ratsherrn, der mit unangemessenem Schuhwerk zu einer Ratssitzung erschien, eine Geldstrafe drohte.

Im Widerspruch dazu stand das Bestreben der Stadt, aber auch der Kirche, den ausufernden Luxus zu beschränken, um einerseits zu verhindern, dass die Menschen durch maßlosen Prunk in den wirtschaftlichen Ruin trieben, andererseits solle der Neid der anderen nicht unnötig geschürt werden. Am wichtigsten war vielleicht die religiöse Motivation: Der Mensch sollte nicht allzu sehr von dem eigentlichen Lebenssinn abgelenkt werden – einem gottgefälligen Leben. Dies sei aber sicher nicht zu erreichen, indem man sein Streben und sein Herz nur auf das Materielle ausrichte. So gab es schon Jahrzehnte vor dem Konzil Kleiderordnungen für die Stadt Konstanz, die genau vorschrieben, wie teuer die Kleidung sein durfte. So wurde z.B. für einen Hut ein Höchstpreis von 50 Gulden festgelegt. Zum Vergleich: Für einen Gulden erhielt man Anfang des 15. Jahrhunderts 50 kg Rindfleisch. Gewänder durften nicht mehr als zwei Farben haben und Halsbänder durften ebenfalls nicht zu kostbar sein. Bei Verstoß drohten empfindlich hohe Geldstrafen, mit dem Ergebnis, dass man trotz alledem versuchte, diese Verbote zu umgehen. Ob diese Bestimmungen wirklich genau kontrolliert wurden, ist dabei eine ganz andere Frage.

Dass diese Luxusverbote auf dem Konstanzer Konzil meist wirkungslos waren, liegt auf der Hand. Wer wollte schon den hohen Herren aus allen Winkeln der bekannten Welt verbieten, sich so zu kleiden, wie sie es für richtig und standesgemäß hielten? Man stelle sich nur vor, ein Herold der Stadt hätte einen Herzog oder Kardinal aufgefordert, seinen teuren

Schmuck abzulegen. Wahrscheinlich hätte dessen Gefolge den Stadtbediensteten mit schlagkräftigen Argumenten vom Gegenteil überzeugt.
Aber nicht nur gegen teure Kleidung zogen die Sitten- und Tugendwächter zu Felde. Vor allem die Damen sollten nicht allzu aufreizend herumstolzieren und damit die Männer zu sündigen Gedanken verleiten. Eine Konstanzer Kleiderordnung des späten 14. Jahrhunderts besagte, dass „eine jede Ehefrau den Nacken und ihre Haare hinten bedecken soll". Den Hals einer Frau durfte man keine Handbreit sehen. Alles darüber hinaus wurde unter Strafe gestellt. Diese Kleiderordnung hatte auch während des Konzils noch Bestand. Dies wissen wir, weil im Jahre 1417 mehrere Frauen wegen unzüchtiger Garderobe vom Ratsgericht mit hohen Geldbußen belegt wurden.
Die Frauen von hochgestellten Konzilsgästen wurden selbstverständlich nicht so genau kontrolliert. Das war – wie bereits beschrieben – nicht umsetzbar. Wir wissen aber von einer besonders dreisten Konstanzer Bürgersfrau namens Anna Felixin. Sie soll die wohlhabendste Dame der Stadt gewesen sein. Ohne Zweifel hat sie sich von der mondänen Stimmung bzw. dem internationalen Flair in der Stadt zu einem wahren Frevel verführen lassen: Mitten im Hochsommer 1417 hatte sie in der Tat ihrem Hals etwas mehr Freiheit und frische Luft gegönnt. Man soll mehr als eine Handbreit ihres Halses gesehen haben, womöglich waren die Einblicke sogar noch tiefer gehend. So viel nackte Haut war den Ratsherren dann doch entschieden zu viel. Sie wurde bestraft und musste eine nicht unerhebliche Zahl an Gulden der Stadt zukommen lassen. Ihr lotterhaftes Leben soll Anna aber nicht aufgegeben haben. In den folgenden Jahren wurde sie mehr als einmal wegen verbotenen Glücksspiels zur Verantwortung gezogen. Manche lernen es eben nie.

Wussten Sie, welcher Herrscher damals für seine schwierige Finanzlage bekannt war…?

# DER KAISER UND DAS LIEBE GELD

## Wie Sigismund mit einem leeren Geldbeutel aufwachte

Als bekannt wurde, dass ein Konzil in Konstanz stattfinden werde, sahen viele Menschen für sich eine Chance, etwas von dem großen Kuchen abzubekommen, der dort verteilt werden würde. Es waren vor allem die „Hübschlerinnen", die angesichts zu vieler zahlungskräftiger Kunden an den See strömten (mehr dazu in der Geschichte „Platz ist in der kleinsten Hütte"). Aber neben diesen Damen des ältesten Gewerbes der Welt suchten viele Handwerker ihr Glück in Konstanz. Über 500 Maler, Zimmerleute, Steinmetze und Künstler aller Art versprachen sich eine gute Auftragslage. In der Tat war die Nachfrage nach solchen Dienstleistungen recht hoch, wovon natürlich zahlreiche Konstanzer profitierten. Unter ihnen befanden sich drei einheimische Kunsthandwerker, die als besonders talentiert galten: Johan Lederhoser, Heinrich Grübel und Caspar Sünder, alle Meister ihres Faches, der Malerei. Sie wurden von König Sigismund beauftragt, die Klosterkirche der Augustinereremiten, heutzutage bekannt als Dreifaltigkeitskirche, mit Fresken zu verschönern. Die Kirche lag dem König besonders am Herzen, da er zeitweise bei den Augustinereremiten residierte. Als Dankeschön wollte er nun das Gotteshaus ausschmücken. Doch Sigismund war bekannt dafür, dass er verschwenderisch lebte. Als König wurde das aber von ihm erwartet. Ein Herrscher hatte nach damaligem Verständnis großzügig zu sein und seinen Prunk darzustellen. Macht und Präsentation waren eng miteinander verwoben. Und falls man vielleicht gar nicht solch eine reale Macht hatte, konnte man dies durch einen entsprechend aufwendigen Lebenswandel kompensieren.

Sigismund war jedoch einer dieser Könige bzw. Kaiser, die immer unter Geldnot litten. So nannte ihn der Volksmund gerne den „König mit den leeren Taschen". Er war berüchtigt dafür, seine Schulden auch mal nicht zu begleichen und darauf zu bauen, dass dies dem Herrscher verziehen werden würde. Daher bestand die Gefahr, dass er die drei Konstanzer Meister nicht bezahlen würde. Doch es sind erhaltene Quittungen überliefert, diesmal war an der Zahlungsmoral des Monarchen nichts auszusetzen. Binnen vier Monaten waren die Fresken fertiggestellt und seit einigen Jahren kann man sie – nach erfolgreicher Restauration – wieder in der Dreifaltigkeitskirche bestaunen. Den kundigen Beobachter erinnern sie daran, dass König Sigismund nicht immer mit leeren Taschen dastand.

Nun zu einer besonderen Weihnachtsgeschichte…

*Dreifaltigkeitskirche, um 1910*

# DAS ENGLISCHE SPEKTAKEL

## Wie die englische Delegation Weihnachten feierte

Wir schreiben das Jahr 1414. Anlässlich der Geburt Christi wurde in ganz Europa Weihnachten gefeiert. Dies war in den meisten Fällen ein Hochamt der Kirche. Doch in Konstanz setzte die englische Delegation, die zum Konzil angereist war, einen neuen Trend.

Neben dem Haupttor zum Markt steht ein Gebäude, das in der Chronik des Ulrich Richental in diesem Zusammenhang erstmals als Haus „Zum Goldenen Schwert" Erwähnung findet. Hier stieg die englische Delegation ab. Die Engländer luden zahlreiche Konstanzer Persönlichkeiten zu einem üppigen Abendessen mit zwei Dutzend verschiedenen Leckereien, die an einer runden Tafel in der Mitte des Festsaals dargeboten wurden, ein.

Ulrich Richental schreibt besonders lebhaft über das Rahmenprogramm, das dargeboten wurde. Zur Unterhaltung der Gäste wurde die ganze Heilsgeschichte theatralisch nachgespielt. Eine Jesuspuppe stellte die Hauptperson des Geschehens dar. An einem Draht war der Stern von Bethlehem aufgebunden, der den Heiligen Drei Königen, die mit edlen Gewändern geschmückt waren, den richtigen Weg weisen sollte. Die Legende, dass mit dem Konstanzer Konzil das Krippenspiel an den Bodensee kam, ist wohl nicht zu halten. Andernorts ist der Brauch bereits seit dem 10. Jahrhundert überliefert.

Das Theaterstück löste bei den Engländern solche Begeisterung aus, dass sie das gleiche Essen ein zweites Mal veranstalteten. Dazu wurden nun König Sigismund und der Burggraf von Nürnberg, Friedrich von Hohenzollern, eingeladen, die sich das reichhaltige und lebendige Spektakel nicht entgehen ließen.

So kam es, dass in Konstanz zu dieser Weihnacht das Christkind zweimal zur Welt kam, und die Heiligen Drei Könige erneut auf die Suche nach Gottes Sohn gingen.

Das Spiel der Engländer war wohl nicht das erste, aber dafür wohl eines der spektakulärsten Krippenspiele, die hier stattfanden.

Lesen Sie mehr über ein besonderes Schauspiel ...

## DER SCHIMMELREITER

Der pompöse Einzug Johannes XXIII.

Am 28. Oktober 1414 war es soweit. Nach mühevoller Anreise hatte Papst Johannes XXIII. endlich Konstanz erreicht. Es war ein langer Tross, bestehend aus seiner Kurie, also all seinen Leitungs- und Verwaltungsorganen, neun Kardinälen und ihrem großen Gefolge. Einen langen Weg legten sie von Pisa über die Alpenpässe Tirols und des Vorarlbergs zurück, bis sie nun endlich von Kreuzligen, das südlich von Konstanz liegt, am Stadtrand ankamen.
Der Empfang wurde vom Bürgermeister und anderen hohen Vertretern der Stadt Konstanz persönlich vorgenommen. Doch für den Einzug durch das Stadttor überlegte man sich etwas ganz besonderes. Man besorgte einen Schimmel, ein prächtiges weißes Pferd, auf dem der Papst einreiten sollte. Schimmel wurden von alters her als besondere Tiere verehrt. In Arabien gelten sie als Symbol für Erfolg und Glück bei feierlichen Zeremonien. Dieses Glück wollte Johannes XXIII. heraufbeschwören, als er nun mit all seinem Gefolge, der hohen Geistlichkeit voran, in die Stadt zog. Über dem Schimmelreiter, mit den heiligen Reliquien geschmückt, wurde ein goldenes Tuch getragen. Einer feierlichen Prozession gleich schritt man durch das Kreuzlinger Tor, die heutige Hussen- und Wessenbergstraße hindurch zum Münster. In der Bischofspfalz, am oberen Münsterhof gelegen, bezog der Pontifex ein angemessenes Quartier. Am 5. November 1414 wurde das Konstanzer Konzil offiziell durch ein Hochamt im Münster feierlich eröffnet.
Doch brachte der Schimmel den erhofften Erfolg und das gewünschte Glück? Schauen wir genauer in die Mythologie: In Arabien und Venetien wurden die Schimmel geopfert, in der keltischen Mythologie sind sie sogar ein Symbol für den Tod.
So kann man den Einzug von Papst Johannes XXIII. zugleich als Opferung und Höhepunkt seines Wirkens betrachten. Denn schon bald muss er durch eine spektakuläre Flucht Konstanz wieder verlassen und wird die meiste Zeit seines weiteren Lebens hinter Gittern verbringen.
Das Konzil wird sich ganz im Sinne Johannes XXIII. auf einen Papst einigen, doch zu seinem Schmerz wird nicht er es sein, der dieses Amt bekleiden wird. Doch das lag sicher nicht nur an der Wahl des Pferds.

Kehren wir noch einmal zurück zu Jan Hus und einer nach ihm benannten Straße ...

# DIE HUSSENSTRASSE

## Eine alte Handelstraße erinnert an den Böhmen

Die Hussenstraße in Konstanz wurde nach dem Reformator Jan Hus benannt. Sie war eine der bedeutendsten Handelsstraßen Europas, da einst der Nord-Süd-Handel über die Alpen meist am Bodensee bzw. dem Rhein endete. Der schmale Wasserstreifen am Seerhein war die beste Möglichkeit das „große Wasser“ zu überqueren. Diese Handelsstraße ist älter ,als die Geschichte von Konstanz, denn erst im Laufe der Zeit bildete sich links und rechts der Straße eine Siedlung, deren Namen wir nicht kennen und erst ab dem 6. Jahrhundert als „Constantia“ aktenkundig wurde. Noch heute ist der Wegverlauf stark gekrümmt, da man auf einem schmalen Landrücken zwischen Bodensee und Ried die trockenen Stellen suchen musste. Der einzige feste Hügel ist der, auf dem das Münster steht. Von da aus geht es allseits abwärts. Heute ist davon nichts mehr zu sehen, da man das Gelände trocken legte und die Stadt zunehmend in den See hineinbaute.
Bis 1282 wurde die Straße zwischen Schnetztor und Obermarkt Reichsstraße genannt. Danach wurde der nördliche Teil ab der Pfauengasse nach der Paulskirche Paulsgasse benannt. Der südliche Teil erhielt den Namen Stadelhofgasse, da dieser Weg in den Stadtteil Stadelhofen führt. Im Jahr 1876 bekamen alle Straßen in Konstanz von Ludwig Leiner einen Namen, von denen die meisten bis heute gültig sind. Er war Besitzer der Malhausapotheke, Hobbyhistoriker und Stadtrat. Heute ist er kaum mehr bekannt. Umso erstaunlicher, dass er es war, der die Namen vergab. Nun wurde der Straßenzug vom Schnetztor bis zur Münzgasse zur Hussenstraße, weil man davon überzeugt war, dass sich in dieser Straße die Herberge des Reformators Jan Hus befunden haben soll, der beim Konstanzer Konzil zu Tode verurteilt und am lebendigen Leib verbrannt wurde. Welches Haus man für das „echte“ Hushaus halten möchte, sei dahingestellt.
Nazideutschland hatte jedoch andere Ideale im Sinn. Es verstand sich nach dem Heiligen Römischen Reich Deutscher Nation und dem Deutschen Kaiserreich Otto von Bismarcks als Drittes Reich. So war es naheliegend, dass man diese alte Handelsstraße wieder in Bezug auf das erste Reich Römerstraße nannte. Das 1000-jährige Reich ging jedoch bereits 1945 zu Grunde, so dass man sich nach dem Zweiten Weltkrieg wieder auf den alten Namen nach dem böhmischen Reformator Jan Hus besann.
1965 ist die Hussenstraße zur Fußgängerzone erklärt worden. Wenn Sie

*Hushaus*

das Flair der mittelalterlichen Stadt genießen wollen, sollten Sie diese Straße unbedingt besuchen. Wer sucht, findet hier auch das schmalste Haus von Konstanz. Viel Spaß beim Suchen!

Der Kampf um ein Denkmal für Jan Hus ...

*Hussenstein, um 1910*

# DER HUSSENSTEIN

## Im Gedenken an die Hinrichtung zweier Reformatoren

1838 wollten sieben Bürger der Stadt Konstanz unter der Führung des Bürgermeisters den hingerichteten Jan Hus und Hieronymus von Prag ein Denkmal errichten.
Die beiden Böhmen wollten die Kirche reformieren und klagten den ausschweifenden Lebenswandel des Klerus an. Das Konstanzer Konzil sollte die Kirche einen, so dass König Sigismund Wert auf die Teilnahme der zwei legte. Er versprach ihnen freies Geleit und Papst Johannes XXIII. wollte persönlich den Schutz gewähren. Zahlreiche theologische Gegner machten die Lage der Reformer jedoch schwierig. Im Laufe der großen Kirchentagung kam man zu dem Schluss, dass sich Jan Hus und Hieronymus von Prag der Ketzerei schuldig gemacht hätten und verurteilte beide zum Tod. Ein Widerruf der Lehren hätte ihnen vielleicht den frühen Tod erspart, doch dies lehnten sie entschieden ab. Erst wurde Jan Hus am lebendigen Leibe verbrannt, ein Jahr später Hieronymus von Prag an derselben Stelle. Die Asche der beiden wurde in den Rhein gestreut um eine spätere Reliquienverehrung zu verhindern.
Unter Druck von Graf Klemens von Metternich untersagte die Regierung des Großherzogtums Baden eine Denkmalstellung, vermutlich hatte man Angst vor einer Heroisierung der Reformatoren, die zu tschechischen Befreiungshelden hochstilisiert wurden.
Erst im Jahr 1861 unternahm man einen zweiten Anlauf. Um die Bedenken zu zerstreuen und auch aus finanziellen Gründen wollte man auf ein großes Denkmal verzichten und stattdessen einen einfachen Gedenkstein aufstellen. Ein Jahr darauf wird ein Findling, den man bei Hegne fand, nach Konstanz überführt.
Bei der Grundsteinlegung am 6. Oktober 1862 werden diverse Dokumente und eine Liste der Kommiteemitglieder eingeschlossen. Der Weg zum Gedenkstein wird mit Pappeln bepflanzt und Kaufmann Karl Zogelmann lässt auf seine Kosten ein Eisengitter errichten. Wie heikel das Aufstellen des Steins politisch war, wird daran klar, dass 1840 ein Dampfschiff und 1873 die neu errichtete protestantische Kirche, die heutige Lutherkirche, nach Jan Hus benannt werden sollten. In beiden Fällen wusste die Regierung des Großherzogtums Baden dies zu verbieten.
Über den Ort der Hinrichtung und damit den richtigen Standort für eine Gedenkstätte stritten sich die Gelehrten seit langem. Verschiedene Historiker, aber auch tschechische Adlige, befragten die Quellen nach

verlässlichen Angaben. Es scheint gesichert zu sein, dass die Verbrennung zwischen Paradies-, Gottlieber- und Grenzbachstraße stattfand. Somit könnte der Stein vielleicht tatsächlich an der richtigen Stelle liegen. Denn einst war dies der Brühl, eine Wiese, auf der sonst nur Feste und Vergnügungsveranstaltungen stattfanden.
Bereits Anfang des 19. Jahrhunderts soll der Konstanzer Antiquar Kastell genau an dieser Stelle einen Stein gefunden haben, der die Initialen J.H. und die Jahreszahl 1415 eingraviert hatte. Den großen Stein schleppte er ins Rathaus. Der Gemeinderat lehnte die Echtheit des Steins jedoch ab, da die Zahlen zu modern geschrieben seien. Zudem war der Antiquar schon öfter aufgefallen, dass er mit vermeintlich echten Überresten aus der Konzilszeit prahlte. Daher ist es interessant, dass man sich Jahre später auf genau diese Stelle einigte, an der Kastell „seinen" Hussenstein gefunden hatte.
Den Stein kann man bis heute in der nach ihm benannten Straße „Zum Hussenstein" bewundern. Der Findling mit goldener Inschrift zieht viele Besucher, besonders aus Tschechien an. Machen Sie sich selbst ein Bild an der ehemaligen Hinrichtungsstätte am Brühl.

Wenden wir uns nun wieder dem Adel zu ...

# FRIEDRICH MIT DER LEEREN TASCHE

## Was Innsbrucks „Goldenes Dachl" mit dem Konstanzer Konzil zu tun hat

Friedrich IV. wurde als Sohn von Leopold III. dem Gerechten und der Mailänder Viridis Visconti, Tochter des Herzogs von Mailand aus altem lombardischem Adelsgeschlecht, 1382 geboren. Die Stadt Freiburg im Breisgau unterstellte sich 1368 freiwillig seiner Regentschaft und wurde somit österreichische Vorlande, zu denen später die Stadt Konstanz ab 1548 gleichfalls angehörte.

Mit Unterstützung des Bischofs und der Stadt Konstanz kämpfte Friedrich seit 1405 gegen die Appenzeller und ihrem Bund ob dem See. Nach anfänglichen Niederlagen besiegte er diesen jedoch endgültig im Jahre 1408 und wurde mit dem sogenannten „Konstanzer Schiedsspruch" aufgelöst, so dass es 1410 sogar zu einem Friedensschluss mit dem Appenzell kommen konnte.

Von seinen politischen Gegnern erhielt er den Spottnamen „Friedl mit den leeren Taschen". Als er dies erfuhr, bemerkte er: „Ich will meine leere Tasche wohl noch füllen!" und hat später sein Wort auch gehalten, wie später noch zu lesen ist. Obwohl dies ursprünglich spöttisch gemeint war, wurde sein Beiname immer beliebter und begründete letztlich seine große Popularität.

Im Jahre 1415 schloss Friedrich mit Papst Johannes XXIII., der gemeinsam mit König Sigismund das Konzil zu Konstanz berief, ein Bündnis. Hierdurch versprach er sich eine politische Sicherung seiner Macht. Nebenbei erhielt er vom Papst den Titel des Generalkapitäns der Römischen Kirche. Er hoffte, dass sich Johannes XXIII. als Papst gegen seine Konkurrenten durchsetzen würde.

Als die Sache jedoch nicht so ganz nach Plan verlief, wollte sich Johannes XXIII. dem Zugriff König Sigismunds entziehen und entschloss sich mit Unterstützung Friedrichs IV. zur Flucht.

Daraufhin wurden Friedrich IV. von König Sigismund Gebiete der österreichischen Vorlande weggenommen. Auch hatte Sigismund schon die Hand nach Tirol ausgestreckt. Friedrich IV. wurde in so ernstliche und gefährliche Händel verwickelt, dass er in Acht und Bann verfiel. Dies war eine große politische und persönliche Krise. Er soll von Sigismund in einen Kerker geworfen worden sein, doch gelang ihm die Flucht, von der uns einige Sagen überliefert sind:

### Der Nachtwächter von Bludenz

Im Jahr 1416 kam um Mitternacht ein Herr vor das Obere Tor zu Blu-

*Herzog Friedrich der IV. von Österreich*

denz wie ein gehetztes Wild angeritten und begehrte Einlass. Der Tor- und Nachtwächter, der im Stadttor wohnte, eilte hinab und fragte durch den Schwibbogen, einer kleinen Maueröffnung: „Wer klopft draußen an?“ Der fremde Reiter antwortete: „Nun, auch Einer, mache er auf!“ Der Wächter erwiderte mit diensteifrigem Unwillen: „Ja, Einer kann mir jeder sagen. Ich muss wissen, wer vordraußen ist. Sonst sperre ich nicht auf.“ Der Fremde frägt: „Warum aber verfährst du so?“ Der Diensthabende antwortet: „Auf Befehl des Stadthauptmanns. Es ist seltsames Gesindel unterwegs, da könne er nicht jedem Dahergelaufenen vertrauen.“ Der Reiter fragt hierauf dringender, was denn die Ursache eines solchen Befehls vom Stadthauptmanne sei? Worauf der Wächter ihm nun erklärte: „Wir sind unserem Landesfürsten, dem Herzog Friedrich von Österreich, auch derzeit noch immer getreu, was aber in und außer unserem Lande gegenwärtig ungleich ist. Darum müssen wir bei Tag und Nacht sehr auf der Hut und zu Rüstung und Führung bereit sein.“ Nun kam die erleichterte Antwort: „Ach so ist das? Dann mache er nur geschwind auf! Ich bin Herzog Friedrich IV., Herzog von Österreich und Graf von Tirol.“ Zum Erstaunen des Adligen erwiderte der Wächter jedoch hiergegen: „Ja, das könnte mir ein jeder sagen. Ich kenne den Herrn nicht.“ Der Herzog sagte also: „Wohl dann, so gehe oder schicke geschwind zum Ritter Welser in die Stadt hinab. Er möchte sobald als moglich zu mir an dieses Tor kommen.“ Dies vollzog der Wächter sogleich. Ritter Welser (in anderen Quellen Bürger Schedler genannt) kam eilends im Nachthemd zum Tore gelaufen, begrüßte den Herzog ehrerbietig durch den Schwibbogen. Und als er aus der Antwort und Gegenruf desselben die Stimme des Herzogs erkannte hatte, rief er dem Wächter zu: „Er ist es! Mache er eilends die Tore auf!“ Letzterer befolgte dies schleunigst. Als dieser aber auch das äußere Tor geöffnet hatte, zog er sorgfältig den nächsten Flügel vor sich, und verbarg sich dahinter.

Der Ritter geleitete den Herzog in die Stadt hinab in ein Quartier und entbot den Stadtrat und die Honoratioren zu selbem. Diese bezeugten dem Landesfürsten ihre Ehrfurcht und Treue und schickten sogleich einen Eilboten nach Montafon ab, um auch die dortigen Vorstände und andere Waffen tragende Hofjünger zur Geleitung desselben einzuladen.

Inmitten ward eine Mahlzeit zubereitet, und als der Herzog eben im Begriffe war, sich zur Tafel zu setzen, äußerte er den Wunsch, den Nachtwächter von dem Tore, durch welches er hereingeritten, vor ihn zu berufen. Es geschah sogleich, der Nachtwächter erschien alsbald, warf sich nahe dem Herzog zu seinen Füßen und bat demütig um Verzeihung, dass er zu seiner hochfürstlichen Gnaden sich im Pflichteifer so groblicher Worte bedient habe. Friedrich stand von der Tafel auf, hob den Wächter gütig vom Boden auf und belobte ihn, dass er die Befehle und seine Pflicht so getreulich und vorsichtig vollzogen habe mit dem Beisatz, dass er ihn dafür belohnen würde, wenn er dermalen nicht leere Taschen hätte. So aber befahl Friedrich, dass er sich mit ihm an die Tafel setze und sich gleichwohl mit Speise und Trank erfrische. Nach wiederholter Entschuldigung musste der Wächter solches annehmen und setzte sich sohin zu unterst an die Tafel. Nach deren Aufhebung begab sich der Herzog zur Ruhe. Am folgenden Tage wurde derselbe sodann von den Vorständen, Adel und Reisigen (bewaffneten Bürgern) der Stadt und der Umgebung zu Pferde auf seiner Reise nach Tirol bis auf die Landmark an den Arlberg durch das Klostertal begleitet.

## Flucht durchs Inntal

Vor Innsbruck liegt das alte Widum zu Flaurling. Hier soll sich Herzog Friedrich IV., als er flüchtig vom Konstanzer Konzil kam, sich im Jahre 1415 einige Zeit verborgen haben.

Er irrte durch das Land und übernachtete auch im Weiler Toblaten beim Adelshofer. Bevor er am nächsten Morgen weiterzog, pflanzte er eine Linde. Heute noch wird der Baum allgemein die Friedrichslinde genannt. Die Kammer, in der der Herzog geschlafen haben soll, wird noch gezeigt.

Der in Bann und Reichsacht Verfallene suchte in Rofen Schutz und Unterkunft. Damals stand dort nur ein Hof. Der Besitzer hieß damals Ruzo. Wie die Alten erzählten, kam er gerade, als sie beim Dreschen waren. Herzog Friedrich wollte nicht erkannt werden und ließ sich als Knecht anstellen. Er half einen Winter lang fleißig jede Bauernarbeit tun. Von Rofen floh er ins hinterste Ötztal. Über die Ferner gelang er nach Schnals. Herzog Friedrich vergaß dem Rofner seine Treue nicht. Er verlieh ihm und seinen Nachkommen wichtige Vorrechte, nämlich: eigenen Burgfrieden mit der unmittelbaren Unterordnung unter den Landeshauptmann an der Etsch, das Recht des Asyls und vollständige Steuerfreiheit. Erst als Kaiser Josef II. (1741–1790) die Gerichtspflege neu regelte, hörten die meisten dieser Vorrechte auf. Doch die Steuerfreiheit blieb noch bis Mitte des 19. Jahrhunderts erhalten.

## Das Schloss Tirol

Die Flucht führte ihn weiter zum Castello Tirolo, dem Schloss Tirol beim gleichnamigen Dorf in der Nähe von Meran im heutigen Südtirol, wo er auf der Hinreise übernachtet haben soll. Auf diesem herrschaftlichen Sitz hätte man ihn sicher rasch aufgespürt, so dass er sich lieber unerkannt in der Hendlmühle am Eingang des Naiftal bei einem getreuen Müller verborgen hielt. Dessen Gemahlin entdeckte beim Waschen ein güldenes Halskettlein auf dem bloßen Leibe des Fremdlings und machte sich mit dem bekannten weiblichen Ahnungsvermögen flugs einen Reim darauf. Natürlich vermochte sie den nicht für sich behalten und tuschelte ihr Geheimnis herum. Alsbald erschienen Spürhunde, das Haus nach dem Verbannten zu durchsuchen. Der Hendlmüller legte den Herzog in einen Mistwagen, häufte allseits „Naturdünger“ darüber, wer er ja im Hofe aufgeschichtet steht, und fuhr an den Schergen, gemütlich ein Liedlein pfeifend, vorüber aufs Feld. Friedrich konnte nun freilich „Hof“-Luft atmen, aber die List glückte und der Herzog floh ins Inntal. Er vergaß in guten Zeiten die Bauerntreue nicht und der Hendlmüller wurde, nach dem Volksglauben, der Stammvater der nachmaligen Grafen Hendl, die ein Mühlrad im Wappen führen.

## Der schöne Knabe

Einst kam südlich von Meran ein schöner Knabe in schlichter Landestracht auf einen der vier umliegenden Freihöfe, dem Weifnerhofe. Er trat zum Meier und bot ihm seine Dienste an. Der Meier war ein Baucher, wie die Bauern sind, weder höflich noch fein. Er schaute den jungen Menschen ganz verwundert an und sagte: „Sakra, Du bist a rarer Bursch, dein Gesicht schaut aus wie Milch und Blut, und deine Tatzen sind fein wie Gitschenhänd (Mädchenhände). Du wirst was rechts schaffen im Stall und mit der Mistgabel! Höchstens kannst du die Geißen hüten, aber erst sage mir, wo du herstammst, dies muss ich doch zuerst wissen.“
Da sprach der schöne Knabe: „Ich bin ein armes verlassenes Kind, verstoßen ins Elend, unschuldig verfolgt, habe nicht Sippschaft noch Magschaft.“
„Nun denn, so bleibe“, sprach der Bauer, und der Knabe blieb und diente so treu, dass ersterer ihn herzlich lieb gewann.
Es vergingen einige Jahre, da geschah es, dass der Bauer nach Bozen ritt und der Jüngling ihm das Pferd führte an schlechten Wegstellen. Als die Reise wieder heimwärts ging, schien die Sonne sehr heiß, und der Weg war sehr beschwerlich. Der Jüngling konnte die Hitze kaum aushalten und zog seinen Lendenkittel ab. „Zich doch dein Leibl aus“, ermunterte der Bauer, doch jener tat es nicht, er lüftete es nur. Wie aber der Meier vom Pferd herunterschaute, siehe, da blitzte auf des Jungen Brust etwas wie ein Sonnenstrahl, und jener nahm eine güldene Kette wahr, die also glänzte. „Mir scheint“, sprach der Meier, „es wäre not, ich stiege vom Pferde und ließe dich reiten. Was trägst du da für ein Geschmeide, und wie kommst du dazu?“
Der Jüngling sprach: „Ich bin nicht der, der ich schien, und bin nun auch hier nicht mehr sicher, denn an dem Kleinod würden meine Feinde, die mir nachstellen, mich erkennen.“ Und als beide nach Hause gekommen waren, nahm der Jüngling traurig Abschied von dem Meier und ging von dannen, obschon ihn jener nicht ziehen lassen wollte
Nach einiger Zeit kam der Meier in einem Geschäfte nach Verona, da sah er einen Zug ritterlicher Fürsten und Herren, und der an ihrer Spitze

ritt, das war sein Schützling, war ein Kaisersohn, und herrlich wurde dann der Meier begabt, auch sein Hof frei gemacht von allen Lasten; das war kaiserlich, denn da hatte er etwas davon. Auch die besonderen Rechte der drei übrigen Freihöfe sollen aus jener Zeit herrühren.
Es wird auch erzählt, dass Friedrich mit der leeren Tasche als Dank später einen Beutel Gold vorbeibringen ließ. Davon baute der zum Ritter erhobene Meier das Schloss Wiffe, von dem heute nur noch Reste zu sehen sind.
Von Südtirol aus festigte er sich dann mit Hilfe der Tiroler Bauern wieder die Macht in seinem Lande. 1420 wurde der Herrschaftssitz durch Friedrich IV. von Meran nach Innsbruck verlegt. Seit 1425 galt seine Regentschaft als gesichert. Silberfunde füllten die Kassen und damit auch seine leeren Taschen auf.
Dem Volksglauben nach brachte ihn weise Sparsamkeit dahin, dass er sich einen bedeutenden Schatz zusammenhäufte. Als er seine leere Tasche so gefüllt hatte, ließ er zur Beschämung der adeligen Spötter an seiner Residenz, dem „Neuhof" zu Innsbruck, das Dächlein eines Vorbaues mit 2.657 im Feuer dichtvergoldeten Kupferschindeln für 30.000 Gulden decken. Der spätgotische Prunkerker in der Altstadt gilt als das Wahrzeichen der Stadt und wird liebevoll das „Goldene Dachl" genannt. Friedrich IV. mit der leeren Tasche starb 1439 als reicher Mann in Innsbruck, sein Sohn Siegmund wurde sogar „der Münzreiche" genannt und hatte sicher immer volle Taschen. So hielt Friedrich zuletzt doch Wort, als er in jungen Jahren zu seinen Spöttern sagte: „Ich will meine leere Tasche wohl noch füllen!"

Wurde ein Stadtteil nach Sigismund benannt ...?

# KÖNIGSBAU

## Verdankt der Stadtteil seinen Namen dem Konzil?

Wer den Stadtplan von Konstanz studiert, dem fällt auf, dass es in Konstanz bemerkenswerte Stadtteilnamen gibt. Da ist vom Paradies, dem Fürstenberg und dem Königsbau zu lesen. Zu letzterem hört man die Legende, dass dieser nach einem König benannt ist, der hier einmal nächtigte.

Während des Konstanzer Konzils 1414–1418 kam mehrfach König Sigismund zu Besuch. Er hatte kein festes Quartier, so dass er immer woanders eine Bleibe suchen musste. Als er mit seinen rauffreudigen ungarischen Reitern an den Bodensee kam, getraute er sich nicht in die Stadt und blieb auf der rechten Seite des Rheins. Die ganze Mannschaft soll im Kloster Petershausen untergebracht worden sein. Das Kloster soll seinen Namen von Bischof Gebhard II. erhalten haben, da das Kloster vom Rhein von der Stadt getrennt ist, wie die Peterskirche in Rom durch den Tiber.

Einer modernen Legende zufolge soll sich König Sigismund jedoch nicht in das überfüllte Kloster eingemietet haben, sondern nahm die Gastfreundschaft eines einfachen Schankwirts an. Dies sorgte die folgenden Jahre natürlich für viel Erzählstoff am Stammtisch, so dass man sich Generationen später immer noch gerne dieses hohen Gastes rühmte. So kam es, dass eines Tages dieses Gebäude nur noch Königsbau genannt wurde. Dass König Sigismund nur einmal in der bescheidenen Hütte genächtigt haben soll, weil er im Laufe des Konzils an vielen verschiedenen Orten blieb, tat dem Volksglauben keinen Abbruch.

Blickt man in die Archive, ergibt sich jedoch ein anderes Bild. Der Bezirk Königsbau verdankt seinen Namen einem kleinen Gasthaus gleichen Namens. Das Gasthaus wird seit 1863 von Franz König betrieben. Dazu hat er ein Torkelgebäude mit einer Weinpresse erworben und umgebaut. Bis zum Beginn des 20. Jahrhunderts stand außer dem Königsbau kein anderes Gebäude in der Gegend. 1908 wird ein dreigeschossiges Wohnhaus mit Festsaal und Biergarten errichtet, der heute leider nicht mehr betrieben wird. Erst nach und nach wird der Stadtteil vollständig bebaut und die kleine Gastwirtschaft gibt dem ganzen Bezirk den Namen.

Heute ist Königsbau einer von gesamt 15 Stadtteilen. Mit etwa 5.500 Einwohnern wohnt etwa jeder 14. Bürger in diesem Bezirk am Stadtrand, zu dem auch das Pfeifferhölzle, der Sonnenbühl, die Sonnenhalde und die Stockäcker gehören.

Was wurde aus dem kleinen Gasthaus in der Friedrichstraße 32? Die

*Gasthaus zum Königsbau, 1905*

ses wird heute unter dem Namen „China-Restaurant Königsbau Kleiner Buddha“ durch die asiatische Familie Hua Zhang betrieben – ganz der internationalen Verständigung verpflichtet – im Sinne des Konstanzer Konzils, obwohl es vermutlich nichts damit zu tun hatte.

Wissen Sie, wo Jan Hus in Konstanz wohnte …?

# DAS FALSCHE HUS-HAUS

## Wo wohnte Jan Hus?

Nach der Chronik des Ulrich Richental, der Hauptquelle der Geschehnisse in und um das Konstanzer Konzil, bewohnte Jan Hus, der tschechische Reformator, nach seiner Ankunft am 2. oder 3. November 1414 in der Bodenseestadt das Haus zur Taube, das einer Bäckerin gehörte, in der heutigen nach ihm benannten Hussenstraße 64: „in der Pfistrinen hus an sant Paulsgassen bi der Tuben allernächst". Seit den Schriften des Johannes Stumpf im 16. Jahrhundert hat die Herbergsmutter den Namen Fida Pfister und ist eine Bäckerswitwe. Der Familienname Pfister geht auf die alte Berufsbezeichnung Phistor oder Pfister für Bäcker zurück. Zur Konzilszeit ist somit nicht eindeutig zu klären, ob eine Frau mit dem Familiennamen Pfister oder eine Bäckersfrau gemeint ist.
Das „Haus zur weißen Taube", in dem Jan Hus vom 3. bis 28. November 1414 gewohnt haben soll, wird heute „Hushaus" genannt. Bis zum Jahr 1813 befand sich an der Fassade ein Knittelvers, der erstmals 1759 genannt wurde:

> O weh mir armem Tropf!
> Hier nahm man mich beim Schopf.
> Hierher ich entronnen war,
> Bin doch nit kommen aus der G'fahr.

Bis 1876 trug dieses Haus die Bezeichnung „St. Paulsgassen Nr. 328". 1878 schuf Joseph Mauder eine Bronzetafel zum Gedenken an Jan Hus. Zwischen 1905 und 1962 befand sich an der Ecke Hussenstraße 31 und Neugasse 37 ein beliebtes Tanzlokal, das aufgrund der Berühmtheit des Reformators „Husenkeller" benannt wurde. 1923 wird die Prager Museumsgesellschaft durch Schenkung Eigentümerin des Gebäudes. Bis in die 1930er Jahre schmückte das Haus ein Relief des Reformators, das 1785/1786 von Joseph Storer geschaffen wurde. Bis 1964 war im Erdgeschoss noch eine Bäckerei untergebracht, was zu der Nennung Richentals passen würde. 1965 wird im 1. Obergeschoss zum 550. Jahrestag ein Husgedenkraum bzw. Husgedächnisstätte eingerichtet. 1979 wird das Gebäude durch böhmische Handwerker generalsaniert und im Obergeschoss ein Museum zu Ehren von Jan Hus eingerichtet. Das Husmuseum hat regelmäßig geöffnet und erzählt vom Leben und Wirken des tschechischen Nationalhelden.
Seit etwa 30 Jahren gibt es jedoch von verschiedenen Seiten erheblichen

*Gasthaus zum Husenkeller, 1907*

*Hohe Geistlichkeit auf dem Konzil*

Zweifel daran, ob das als Husherberge bestimmte Haus überhaupt das richtige ist. Die jüngste Forschung lässt uns zu anderen Schlüssen kommen.
An der Südseite des Schnetztores stand bis 1840 ein Gebäude, das den Namen „Zur Taube" trug. Auch dieses Gebäude kommt deshalb als Husherberge in Frage. Besonders das Haus Hussenstraße 22 ist von Gernot Blechner nach einer umfassenden und gründlichen Arbeit als das „echte" Hushaus identifiziert worden, dem Vorgängergebäude des heutigen Hauses „Zur Roten Kanne".
Im Husmuseum bekommt man die Auskunft, dass es sich hier um das „historische" Hus-Haus handele, womit nicht zum Ausdruck gebracht werden soll, dass es das tatsächliche ist, vielmehr, dass es für die längste Zeit dafür gehalten wurde. Aufgrund des mittelalterlichen Baustils, der liebevollen Restauration und der sehenswerten Museumsstücke ist das Husmuseum so oder so ein Besuch wert, ob Jan Hus in dem Gemäuer nun nächtigte – oder auch nicht.

Verlassen wir nun den „Ketzer" und lernen zwei Päpste gleichen Namens kennen ...

# DER DOPPELTE JOHANNES

## Über zwei Konzilpäpste gleichen Namens

Bei der Recherche zum Konzil muss man gut aufpassen, denn es gibt zwei Päpste mit dem Namen Johannes XXIII. Beide haben ein Konzil ausgerufen, doch trennen sie fast 550 Jahre.

Zum einen ist da Baldassare Cossa, um 1370 in Neapel in gutem Hause geboren, der sich mit einer politisch-militärischen Laufbahn hochdiente, bis er schließlich 1410 als Laie in Pisa zum Papst Johannes XXIII. gewählt wurde. Da es zu dieser Zeit bereits Päpste in Rom und Avignon gab, wird er nicht als „richtiger Papst“ gezählt. Gemeinsam mit König Sigismund eröffnete er am Bodensee das Konstanzer Konzil. Es sollte die Kirchenspaltung mit drei Päpsten beenden. Er war der einzige von ihnen, der persönlich daran teilnahm. Sein ursprünglicher Gedanke, so seine Macht als Kirchenoberhaupt zu sichern, war jedoch ein Trugschluss. 1415 musste er abdanken, machte damit aber den Weg frei für einen neuen Papst. Martin V. war der einzige Papst, der jemals nördlich der Alpen und somit auf deutschem Boden gewählt wurde. Dieser versöhnte sich nach Jahren mit Baldassare Cossa und ernannte ihn zum Kardinal Bischof von Tusculum und zum Dekan des Kardinalskollegiums. Nach dem er 1419 in Florenz verstorben war, ließ man auf seinem prachvollen Grabmal im Florentiner Dom die Inschrift „Ioannes quondam papa XXIII“ einmeißeln, „einst war er Papst Johannes XXIII.“ Vergeblich versuchte der amtierende Papst die Inschrift noch in „Kardinal von Neapel“ zu ändern, so dass wir diese Zeilen noch heute bei einer Italienreise lesen können.

Ein halbes Jahrtausend hat nun kein gewähltes Kirchenoberhaupt mehr gewagt Johannes als Papstnamen anzunehmen. Doch der 1881 bei Bergamo geborene Angelo Giuseppe Roncalli brach mit dieser Tradition. Als er 1958 gewählt wurde, schrieb er „zweiundzwanzig Päpste mit dem Namen Johannes sind von unbestrittener Legitimität. Fast alle hatten ein kurzes Pontifikat. Wir wollen die Geringheit unseres Namens hinter dieser herrlichen Reihe römischer Päpste verbergen“. Als Sohn einer bäuerlichen Großfamilie mit 13 Kindern stammte er aus einfachen Verhältnissen. Obwohl er durch die Wahl des Papstnamens Johannes XXIII. ein großes Zeichen setzte, stellte er sich nach seiner Wahl ganz bürgernah In Bezug auf seinen Taufnamen Giuseppe mit dem Bibelzitat „Ich bin Josef, euer Bruder“ (Gen 34,4) vor. Als katholischer Diplomat setzte er sich bereits früh für den Dialog mit der orthodoxen Kirche ein und verhalf als Bischof von Istanbul zahlreichen Juden zur Flucht. Als Papst vermittelte

*Einzug Johannes XXIII.*

er in der Kubakrise, als die Welt am Rand eines Atomkriegs stand. Durch seine bescheidene Art und Volksnähe wurde er bald „il Papa buono", „der gute Papst" genannt. Im Jahre 1962 rief er das Zweite Vatikanische Konzil aus. Wie das Konstanzer Konzil hatte es mit der Ökumene die Versöhnung der verschiedenen christlichen Glaubensrichtungen zum Ziel. Tatsächlich ergibt sich daraus mehr Toleranz anderen Religionen gegenüber und den Verzicht auf den politischen Absolutheitsanspruch der katholischen Kirche. Für die Menschen ist der Umbruch in der Kirche vor allem dadurch zu spüren, dass die Heilige Messe in der Landessprache, und nicht wie bisher, nur auf Latein gelesen werden darf. Das Ende des Zweiten Vatikanischen Konzils hat Angelo Giuseppe Roncalli nicht mehr erleben dürfen. Er verstarb bereits 1963 an Krebs. Seit seiner Seligsprechung im Jahr 2000 kann man seinen Leichnam in einem gläsernen Sarg im Petersdom zu Rom bewundern.

Zwei Päpste mit gleichem Namen. Sie verbindet das Ziel, durch Reformen eine geeinte Christenheit zu schaffen. Während Baldassare Cossa ganz im Zeichen seiner Zeit mehr weltlicher Politiker war und großes Interesse an seinem persönlichen Machterhalt hatte, schaffte Angelo Giuseppe Roncalli eine theologische Öffnung des Katholizismus' nach innen und außen. Auf jeden Fall waren beide Päpste gleichen Namens bemerkenswerte Persönlichkeiten der Kirchen- und Weltgeschichte.

Wie heißt unsere Stadt ...?

*Hauptschiff Konstanzer Münster, 1926*

# KONZILARIUM ZE KOSTNITZ

## Über die nicht vorhandene Rechtschreibung des Mittelalters

Das Mittelalter kennt keine Rechtschreibung, nicht einmal für Namen. Es ist keine Seltenheit, dass ein- und derselbe Schreiber innerhalb eines Dokuments für die gleiche Person oder den gleichen Ort unterschiedliche Schreibweisen wählt. So mussten wir auf der Suche nach Sagen und Legenden in und um das Konzil von Konstanz, welches das nördlichste Konzil aller Zeiten ist, nach vielen Schlagworten suchen. Auch war es im Mittelalter üblich, Schriftdokumente auf Latein zu verfassen. Somit wurden für viele deutsche Begriffe die lateinische Übersetzung oder latinisierte Begriffe, ins Latein umgebildete bzw. übertragene deutsche Wörter verwendet. So finden sich für das Kirchentreffen folgende Begriffe: ConCilliare, ConCillium, ConCillio, Conzilium, Koncil, Konzil, Konzilarium. Das Wort Konzil wird heute als Zusammenkunft oder Ratstreffen übersetzt.

Noch 1809 wird im Conversations-Lexikon von Brockhaus das „Costnitzer ConCillium" als „eine der merkwürdigsten Kirchenversammlungen" genannt, die in Costnitz, Cosinitz bzw. Costanz, einer Stadt am Bodensee, abhalten wurde. Für die Stadt hier die wichtigsten gängigen Schreibweisen in alphabetischer Reihenfolge mit der Erstnennung in Klammern:

Chostanze (1251), Chostentz (1341), Constancia (762), Constantia (912), Constantiae (980), Constantie (762), Constantiensi (1159), Constantiensis (1286), Costencz (1483), Constanz (1579), Costentz (1300), Costentz (1341), Costenz (1291), Costenze (1283), Costintz (1312), Costintze (1319), Costinze (1251), Konstanz (1274), Kostenz (1290), Kostenz (1336), Kostenze (1279), Kostenze (1327), Kostinze (1272), Kostnitz (1353).

Gerade die letzte Schreibung hat in einigen Volksweisen, wie etwa bei den „Sieben Schwaben", dafür gesorgt, dass man glaubte, dass bei dem „Konzilarium ze Kostnitz" alles ohne Bezahlung zu haben wäre, schließlich zeige der Name der Stadt bereits an, dass alles „kost nix". Wer jedoch heute Konstanz besucht, weiß, dass kaum etwas umsonst zu haben ist. Oder wie es ein Anrainer formulierte: Das Gute ist, egal wo wir hinkommen, alles kann nur noch billiger werden.

Nun zur schwangeren Jungfrau ...

# DIE EMPFÄNGNIS

## Die schwangere Jungfrau zum Konzil

Eine junge Frau lebte als Schwester eines Goldschmieds in der Bodenseemetropole. Dieser wollte sie günstig verheiraten und hielt sie aus diesem Grunde streng unter Verschluss. Keiner der Bewerber hatte den hohen Anforderungen ihres Bruders entsprochen.

Zu groß war seine Angst, dass die geforderte Mitgift das Erbe der Geschwister so sehr entzweien könnte, dass er sich und seine Familie nicht mehr ernähren könnte. Mit den vielen Konzilsteilnehmern kam zwar eine beträchtliche Kaufkraft nach Konstanz, doch stiegen auch entsprechend die Mieten und Lebenshaltungskosten. Zudem kamen von überall Tagelöhner und Handwerker, um ihr Glück mit den vielen Besuchern zu machen. Daher war das Preisniveau hoch und die Konkurrenz groß.

So kam es, dass das Mädchen eines Tages schon auf 23 Lebensjahre zurückblicken konnte und noch immer nicht unter die Haube gekommen war. Sie war ihrem Bruder eine große Stütze bei seinen Geschäften mit den Konzilteilnehmern. Meist war es ihre Aufgabe, die fertiggestellten Schmuckstücke an ihren Bestimmungsort zu bringen.

Eines Tages war sie für das Konzil im Pfalzgarten des Bischofs unterwegs. Daselbst stolperte sie und fiel in ein Gärtnermesser, das am Wegesrand lag. Sie wurde wund und kam in andere Umstände.

Als es sich nicht mehr verbergen ließ, wurde dem Bruder die Situation klar und er begann zu toben. Er nahm eine Waffe und hielt sie der jungen Frau an die Brust, um von ihr den Namen des Schänders zu erfahren. Die Jungfrau blieb bei ihrer Geschichte. Sie war sich sogar sicher, dass es ein Werk des heiligen Konzils zu Konstanz gewesen sei und sie daher vom Konzil selbst schwanger geworden sei.

Als der Bruder dieses begriffen hatte, überkamen ihn große Zweifel. Zunehmend wurde ihm klar, wenn er das Mädchen bestrafen würde, könnte sich dies schlecht auf seinen Ruf und damit sein Geschäft auswirken. Da das Konzil zu Konstanz eine so heilige Sache war, dass die ganze Christenheit davon profitieren sollte, schenkte er seiner Schwester Glauben, dass es dem Geiste der Versammlung entsprechen würde, was sich im Leib seiner Schwester tat. Die Jungfrau lebte nach diesem Befehl ihres Bruders und hat fleißig abgewartet. Ob die junge Frau das Kind gebar und sie nach dem Konzil einen anständigen Ehemann heiraten konnte, ist leider nicht überliefert.

Was trieben die Ritter in ihrer Freizeit ...?

# RITTER BEIM TURNIER

## Ein Garten wird zur Arena

Keine andere Figur steht so sehr für das Mittelalter wie der Ritter. Ihren außergewöhnlichen Ruf verdanken die Ritter auch jenen geheimnisvollen Ritterorden, wie zum Beispiel den Templern, deren Geheimnisse auch heute noch nicht alle gelüftet sind.

Der Ritter war der Helfer der Wehrlosen und der Verteidiger des Glaubens. Im Rahmen der Kreuzzüge haben sie das Christentum mit dem Schwert verbreitet. Doch sie legten ihre Rüstung und Waffen nicht nur im Krieg an, sondern auch für Turniere. Für Ruhm und Ehre traten sie sich bei diesen sportlichen Wettkämpfen gegenüber, auch um die Gunst einer hochgestellten Dame zu gewinnen. Nur wer ein wahrer Ritter war, bewährte sich auch auf diesem Feld der Ehre.

Als die Welt zu Gast in Konstanz war, kamen mit den vielen hohen Herren, wie Bischöfen, Königen oder Herzögen auch deren militärisches Gefolge in die Stadt – Hunderte von Rittern waren während des Konzils am Bodensee. Um zu verhindern, dass diese bewaffneten Einheiten aus Langeweile, oder weil sie zu tief ins Weinglas geschaut hatten, die Besucher der Stadt belästigen würden, musste die Obrigkeit Maßnahmen ergreifen. Damit sich die Ritter einerseits militärisch ertüchtigen können, andererseits beschäftigt sind und überflüssige Energien abbauen können, organisierte man rauschende Ritterturniere an mehreren Orten der Stadt. Ein traditioneller Ort war vor den Toren der Stadt, ein anderer der Platz vor der bischöflichen Pfalz. Auch auf dem Fischmarkt fanden vergleichbare Veranstaltungen statt. Doch noch ein weiterer Ort erinnert mit seinem Namen bis heute an dieses mittelalterliche Schauspiel – die Turnierstraße im heutigen Stadtteil Paradies.

Egal, wo das Turnier stattfand, die Disziplinen waren immer die gleichen. Man maß sich im Bogenschießen, im Schwertkampf und vor allem beim Lanzenstechen, früher Tjost genannt. Auch Ulrich Richental vermerkte in seiner Chronik häufige Ritterspiele, bei denen sich sogar der Hochadel hervorgetan haben soll.

Solche Ereignisse waren ein großes „Spektakulum“ für Einheimische und Besucher. Es wurden Tribünen aufgebaut, damit die Zuschauer dem bunten Treiben beiwohnen konnten. Das gemeine Volk drängte sich in der Menge, immer in der Hoffnung, eine gute Sicht zu erhaschen.

Bei allen angetretenen Rittern wurde vor dem Turnierstart geprüft, ob die Abstammung den Adelsstatuten genügte. In den Kampfpausen wurde das Volk von Gauklern und Schaustellern unterhalten. Für das leibli-

*Ritter beim Turnier während des Konzils*

*Ritterspiele mit Turnier*

che Wohl sorgten die fahrenden Bäcker mit ihren Öfen auf Holzkarren, die zahlreiche Köstlichkeiten feilboten. Ein solcher Wettkampf dauerte den ganzen Tag und erst die Dämmerung beendete das Ringen der Ritter um Ehre und Ruhm.

Auch der päpstliche Sekretär Poggio Bracciolini berichtet von solchen und ähnlichen Vergnügungen. So gab es während des Konstanzer Konzils zahlreiche Turniere, unter anderem auch zu Ehren von König Sigismund, Papst Johannes XXIII. und dem Konzilium im Gesamten.

Jenes welthistorische Ereignis vor 600 Jahren markierte auch den beginnenden Wandel der europäischen Gesellschaft – das Mittelalter klang aus und wich einer neuen Zeit, der Renaissance. Der alte Glanz der Ritter verblasste ebenso wie tausend Jahre Mittelalter. Doch noch heute erinnert man sich gerne an die alten Rittersleut'.

In der nächsten Geschichte erfahren Sie, wie der berühmteste Ritter seiner Zeit Konstanz besuchte und sich in die liebreizende Stadt am See verliebte …

## LOBLIED AUF KOSTNITZ

**Wie ein berühmter Ritter das noch berühmtere Konstanz pries**

Oswald von Wolkenstein, berühmter Ritter und Minnesänger seiner Zeit, war ebenfalls auf dem Konzil. Als Gefolgsmann König Sigismunds besuchte er Konstanz und lernte es zu lieben. Die Schönheit dieser alten Metropole am See pries er in einem Gedicht, das auch euch nun erfreuen soll …

O Paradies! Am Bodensee,
zu Kostnitz, fand ich endlich dich.
Nichts, das ich sah, las, hörte je,
beglückte so von Herzen mich.
Drinnen und draußen, wo man fährt,
zu Münsterlingen und anderswo,
bist du des alten Ruhmes wert!
Wer wär in dieser Stadt nicht froh!

Viel Lieblichkeit
In vielerlei Kleid,
schlicht, faltig und weit
sieht man zu Kostnitz prangen.
Manch Mündlein rot,
das ohn´ alle Not
uns lachend droht,
und rosenlichte Wangen.

Die holdesten Frauen, die ich erblickt
In heller Jugendschönheit Glanz,
haben mich fest ans Herz gedrückt
all in der Katz beim Reihentanz.
Wohl niemals ich vergessen kann
Der Schönsten liebliche Gestalt –
Ja, Lust und Freude findet man
In Kostnitz viel und mannigfalt.

(Freie Nachdichtung von Wilhelm von Scholz)

Warum haben sich die Nachtwächter in der Konzilszeit gestritten …?

## MORGENGROSCHEN

**Warum die Nachtwächter in der Konzilszeit stritten**

Die Nachtwächter waren elementarer Bestandteil der mittelalterlichen Stadtkultur. Den Menschen war bei Strafe verboten sich nachts draußen herumzutreiben. Um die Sicherheit der Stadt Konstanz zu gewährleisten taten jede Nacht insgesamt 12 Nachtwächter ihren Dienst.
Doch warum wurde diese Ausgangssperre so radikal durchgesetzt?
Im Glauben des Mittelalters war die Nacht die Zeit der Geister, Dämonen und des Satans persönlich. Keine Christenseele hatte zu dieser Zeit draußen etwas zu suchen. Falls doch, konnte dies nur bedeuten, dass man mit dem Teufel im Bunde steckt. Hat ein Bürger der Stadt jedoch Gotteslästerliches verbrochen, glaubte man, dass die ganze Bürgergemeinschaft dafür büßen müsste. So war der Dienst des Nachtwächters nicht nur eine Sicherheitsaufgabe im weltlichen Sinne, sondern schützte die Menschen gesamthaft vor Krankheit, Unwetter und dunklen Einflüssen aus der Unterwelt.
Während des Konstanzer Konzils versammelten sich Leute aus allen Herren Länder in der Stadt. Diese brachten manchen exotischen Brauch mit. So war es in Mailand wohl seit eh' und je Brauch, dass der Nachtwächter nach getaner Arbeit nochmals die Runde lief und die Leute ihm einen Obulus für seinen guten Dienst in den Hut warfen. Dieses Trinkgeld war der sogenannte Morgengroschen und besserte seinen sonst kärglichen Lohn auf. Daher geht die Sage, dass die Nachtwächter während des Konzils darum stritten, wer im Viertel der Mailänder, die im heutigen Inselhotel wohnten, Dienst tun durfte, da dies zusätzlichen Verdienst bedeutete. Aus dieser Zeit soll wohl auch der Ursprung des Liedes stammen, das der Nachtwächter allmorgendlich auf dem Heimweg vor sich hinsang:

Konstanzer Nächt', die dunkeln,
lauscht doch – Geister munkeln,
ärgern woll'n sie, in düst'rer Stund',
stecken mit Satan in einem Bund.
Doch ohne Verdruss kommt einer her,
trägt Licht, Horn, Hellebarde schwer,
belohnen wollt' Ihr seinen Mut?
So streck' er Euch den weiten Hut.

Ein letztes Mal wollen wir uns dem König widmen ...

*König Sigismund*

## SIGISMUND

### Ein König mit vielen Namen

Mit dem Konstanzer Konzil wird immer der Name König Sigismunds in Verbindung gebracht, der später sogar zum Kaiser gekrönt wurde. Nach ihm wurde die Sigismundstraße nicht nur in der Altstadt von Konstanz benannt. Eine Sigismundstraße gibt es auch in Wiesbaden, Berlin und Mülheim an der Ruhr.

Umso spannender ist die Tatsache, dass er gar nicht so hieß! Er wurde schlicht Siegmund genannt. Da sein Wirken über den deutschen Sprachraum hinausreichte, wurde er tschechisch Zikmund, ungarisch Zsigmond, polnisch Zygmunt, spanisch Segismundo, französisch Segismond, italienisch Sigismondo gesprochen. Und vielleicht wurde er von seiner jungen Frau Barbara von Cilli liebevoll „Sigi" genannt – doch das ist nicht überliefert.

Urkunden wurden meist auf lateinisch verfasst, in denen man den König Sigismundus schrieb. In Anlehnung an diese Quellen wurde der Name latinisiert, also aus dem Deutschen in das Lateinische übertragen, um dann wieder ins Deutsche als Sigismund zurückübersetzt zu werden. So entstand die vermeintlich falsche Bezeichnung für einen deutschen König, der eigentlich schlicht Sigmund hieß.

Robert Gilbert komponierte 1930 für das Singspiel „Im weißen Rössl" den Gassenhauer „Was kann der Sigismund dafür, dass er so schön ist?" Von den Chronisten wurde König Sigismund als groß gewachsener und sehr schöner Mann überliefert. Ob dem gebildeten Musiker der König Vorbild war, ist historisch jedoch nicht eindeutig geklärt.

Kosenamen sind nicht immer freundlich ...

*Hieronymus von Prag*

## DER FAULFISCH

### Wie Hieronymus von Prag zu einem falschen Beinamen kam

Hieronymus von Prag wurde zwischen 1365 und 1379 in Prag geboren. Als böhmischer Reformator war er Freund und Mitstreiter des Magister Jan Hus. Als Gelehrter beschäftigte er sich intensiv mit der Bibel und kämpfte für eine wörtliche Auslegung der Bibel und begründete damit die hussitische Bewegung, die eine Kirchenreform zum Ziel hatte. Zeitgenössischen Beschreibungen zufolge war Hieronymus von Prag ein fülliger, redegewandter Mann mit vollem Bart, ein viel gereister Weltmann von lebhaftem Geist und Bildung.

Bei der Suche nach genauen Lebensdaten kam eine Verwechslung mit Nicolaus Faulfisch zustande, die ihm für lange Zeit den Beinamen „Faulfisch“ einbrachte. Dieser war jedoch älter und wurde bereits 1388 als Studienabsolvent und Magister der freien Künste genannt. Nicolaus Faulfisch war nie am Bodensee. Trotzdem hat sich das Gerücht sehr lange gehalten, dass Faulfisch hinter der Person Hieronymus von Prag steckt. Der Familienname, der von einer Fischart abgeleitet ist, wird heute natürlich negativ assoziiert. Darin liegt vermutlich der Grund, dass der Reformator so lange Hieronymus Faulfisch von Prag benannt wurde. In katholischen Kreisen sollte er als Ketzer ein negatives Beispiel für alle darstellen, die es wagten an der Kurie Kritik zu üben.

Doch nun wieder zurück zum Konstanzer Konzil. Der „echte“ Hieronymus von Prag hörte von der Verhaftung des böhmischen Reformers in Konstanz und reiste am 4. April 1415 heimlich an den Bodensee um Jan Hus beizustehen. Er wohnte bei einem Bürger namens Guotjahr an der Paulsgassen, in der Nähe der Unterkunft von Jan Hus. Die Suche nach dem „echten“ Hieronymus-Haus begann erst im 20. Jahrhundert, wobei erst das „Haus zum Schiff“, Hussenstraße 12, später das Nachbarhaus „Zum Delphin“, Hussenstraße 14, dazu erkoren wurden. Nach diesem Haus hat sich der Delphinkreis benannt, der aus geselliger Runde, die sich eben meist in diesem Haus traf, zu einer Gemeinschaft wurde, mit dem Ziel Konstanzer Geschichte zu ergründen und zu veröffentlichen.

Doch nun wieder zurück ins Jahr 1414. Am 7. April flüchtete Hieronymus von Prag jedoch schon wieder aus der Stadt, nachdem er an der Stefanskirche einen Brief hinterlassen hatte, in dem er die Freilassung von Jan Hus forderte. Eine unvorsichtige Äußerung führte dazu, dass auch er am 25. April verhaftet und am 23. Mai nach Konstanz überführt wurde. Bei Ulrich Richental ist nachzulesen, dass Hieronymus auf Schloss Gottlieben einsitzen musste, wo auch Jan Hus untergebracht war. Der böh-

mische Historiker Palacky konnte jedoch nachweisen, dass er tatsächlich im Turm der Paulskirche festgehalten wurde. Bequem war bestimmt weder der eine noch der andere Ort.
Im Gegensatz zu Jan Hus, den man am lebendigen Leibe verbrannte, widersprach Hieronymus von Prag am 23. September den Thesen von John Wyclif und Jan Hus, die als Verursacher der Reformbewegung galten. Man glaubte jedoch nicht, dass er es ernst meinte, weswegen er weiterhin in Gefangenschaft ausharren musste. Da die Widerrufung der 45 Thesen des John Wyclif und der 30 Artikel von Jan Hus nichts brachten, nahm Hieronymus von Prag diese wieder offiziell zurück. Für den Widerruf der Widerrufung gibt es unterschiedliche Terminangaben: 30. Mai, 1. Juni und 14. September werden in verschiedenen Chroniken genannt. Egal, was man nun glauben mag, führte dies jedenfalls zu einer öffentlichen Sitzung des Konzils, bei der der rückfällige Ketzer endgültig zum Tode verurteilt wurde. Der Galgenpater Bischof Jakob von Lodi, einer italienischen Stadt, die heute Partnerstadt von Konstanz ist, hielt die Strafpredigt. Der Patriarch Johann von Antiochi erklärte ihn zum Ketzer und übergab ihn dem Strafvollzug. Am gleichen Platz, wie im Jahr zuvor Jan Hus, wurde nun Hieronymus von Prag am lebendigen Leibe verbrannt. Eine Gedenktafel an der ehemaligen Paulskirche, heute Kulturzentrum K9 an der Oberen Laube 71, erinnert an den Böhmen. Die Inschrift am sogenannten Hussenstein in der Straße „Zum Hussenstein“ teilt er mit seinem Mitstreiter Jan Hus. Nach dem Reformator wurde die Hieronymusgasse in Konstanz benannt. Eine Faulfischstraße sucht man vergeblich.

## Und wer war Papst in Rom ...?

# DER PAPST IN ROM

## Der greise Gregor XII.

Neben dem spanischen Gegenpapst Benedikt XIII., der in Avignon residierte, gab es zu dieser Zeit noch einen zweiten Papst in Rom. Sein Name war Gregor XII.

Als Angelo Correr wurde er etwa 1335 in Venedig geboren. Da seit 1378 zwei Päpste um die wahre Nachfolge auf dem Stuhl Petri stritten, wurde er am 30. November 1406 im hohen Alter von über 70 Jahren zum römischen Papst Gregor XII. gewählt. 14 von 18 Kardinälen hatten das Ende der Kirchenspaltung, dem Abendländischen Schisma, im Sinn, so dass man sich schwor für die Einheit der Kirche notfalls vom Amt zurückzutreten.

Den Namen Gregor nahm er nach seinem Vorgänger Gregor XI. an, der das Papsttum von Avignon wieder nach Rom zurückbrachte. Doch dort herrschte mittlerweile wieder ein weiterer Gegenpapst. Ein Treffen mit ihm wurde durch seine Berater unterbunden, da man befürchtete, dass der altersschwache Gregor XII. dem jüngeren Benedikt XIII. nicht gewachsen sei und der französische Einfluss zu groß würde.

Beim Konzil zu Pisa im Jahre 1409 verständigte man sich auf den neuen Papst Alexander V. und setzte die beiden in Rom und Avignon ab. Da sich jedoch beide weigerten zurückzutreten, gab es nun drei Päpste. Ein Jahr später verstarb bereits Alexander V. und sein Nachfolger wurde Johannes XXIII., der 1414 in Konstanz das nächste Konzil einberief. Papst Gregor XII. trat als einziger halbwegs freiwillig von seinem Amt zurück, obwohl er die weite Reise an den Bodensee nicht unternommen hatte. Johannes XXIII. wurde zur Abdankung gezwungen, Benedikt XIII. in Abwesenheit für abgesetzt erklärt. Somit wurde in Konstanz 1417 der Weg frei, um Oddo di Colonna als „Martin V.“, als einzig rechtmäßigen Papst zu wählen.

Dem Pommernherzog Wartislaw VIII., der sich gemeinsam mit dem Burggrafen von Nürnberg als Konzilsteilnehmer zeitweise in Konstanz aufhielt, wurde bei einer Romfahrt von Gregor XII. eine Papstrose aus Gold, Balsam und Muskat überreicht. Im Kloster Pudagla in Vorpommern wurde die goldene Rose bald als Heiligtum verehrt, worüber der dortige Abt so zornig wurde, dass er die Rose zerbrach um dem Aberglauben Einhalt zu gebieten.

Ein Rücktritt vom Pontifikat ist sehr selten. Der erste freiwillige Rücktritt ist von Papst Coelestin V. 1294 überliefert. Gregor XII. trat als zweiter römischer Papst für die Kircheneinheit von seinem Amt 1415 zurück.

Den nächsten Rücktritt hat erst Josef Ratzinger 2013 als Benedikt XVI. in unseren Tagen gewagt. Diesen umstrittenen Rücktritt hat sein Bruder Georg Ratzinger mit den Worten: „Das Alter drückt“ kommentiert.
Der vermeintlich greise Angelo Correr erwies sich für die Einheit der Kirche im 14. Jahrhundert als gute Wahl. Sein vorausschauendes Handeln durch seinen Rücktritt ermöglichte erst den Erfolg des Konstanzer Konzils.

Nun zu einem Ort, der nicht nur von der Geistlichkeit heimlich aufgesucht wurde.

## DER VORDERE TANZ

**Bischof Otto III. und sein fragwürdiger Immobilienbesitz.**

Otto III. von Hachberg war während seiner Amtszeit zwischen 1410 und 1434 als Bischof von Konstanz Gastgeber des Konzils. Am 6. März 1388 wurde er auf Burg Rötteln bei Lörrach als Sohn von Rudolf III. von Hachberg-Sausenberg und Anna von Freiburg-Neuenburg geboren. Sein Name führt schon etwas in die Irre. Bei den Hachbergs ist er der zweite Otto, so dass er eigentlich Otto II. heißen müsste. Doch in Konstanz trugen bereits zwei seiner Vorgänger den Namen Otto, so dass er meist in der historischen Literatur als Otto III. geführt wird.
Er ist ein Musterbeispiel, wie man im Mittelalter rasch Karriere machen konnte, entstammte man dem rechten Geschlecht. Bereits mit 15 Jahren wurde er Domherr von Basel, ein hohes Amt im Dienste des Bischofs. Vermutlich war dies der Lohn dafür, dass sein Vater die Treue zum Gegenpapst Benedikt XIII. in Avignon aufkündigte um zu Papst Gregor VIII. in Rom zu wechseln.
Sein Vater trat mit dem Konstanzer Bischof in Verhandlungen, damit dieser sein Amt gegen eine finanzielle Entschädigung abtreten solle. Mit Rückendeckung vom römischen Papst Gregor VIII. und der Bestätigung durch den Gegenpapst Johannes XXIII. wurde am 2. Februar 1411 Otto III. im zarten Alter von 22 Jahren zum Fürstbischof von Konstanz, ohne jemals die Bischofsweihe erhalten zu haben.
Er war es, der dem böhmischen Reformator Jan Hus das Predigen in Konstanz verbot. Durch Bauaufgaben und der Ausrichtung des Konstanzer Konzils musste der die Pracht liebende Bischof Otto III. das Bistum in Konstanz stark verschulden. Um Papst Johannes XXIII. würdig unterzubringen, ließ er die Bischofspfalz am oberen Münsterplatz umbauen – und nicht nur die. Es ist die Legende überliefert, dass zu dieser Zeit das Haus zum Vorderen Tanz, in der Hofhalde 16, im Besitz des Bischofs war. Ein unterirdischer Gang verband die Bischofspfalz mit dem Haus. Pikant ist die Geschichte deshalb, weil sich im Haus zum Vorderen Tanz zu dieser Zeit ein Etablissement des horizontalen Gewerbes befunden haben soll. Als Hausherr soll Otto III. den Geheimgang regelmäßig genutzt haben. Doch dies ist nur eine Legende.
Historisch belegt ist jedoch, dass es immer wieder zu großen Streitigkeiten mit dem Bischof kam. Mehrfache handgreifliche Auseinandersetzungen mit hohen Diözesanbediensteten führten dazu, dass Otto III. zeitweise sogar sein Amt niederlegen musste. Auch ist er dafür verantwortlich, dass der Verwaltungssitz des Bistums kurzzeitig nach Schaff-

*Haus zum Vorderen Tanz, um 1920*

hausen verlegt wurde. Die Streitigkeiten gipfelten darin, dass das Fronleichnamsfest zur politischen Demonstration mit drei konkurrierenden Prozessionen wurde. Das Konzil in Basel 1432 musste sich mit den Auseinandersetzungen beschäftigen. Zwei Jahre später wurde Otto III. endgültig abgesetzt. Nun konnte er sich ganz seinem Hobby als Schriftensammler widmen. Er stellte eine stattliche Bibliothek mit 58 Bänden zusammen, die nach seinem Tod am 14. November 1451 erst seinem Bruder und 1455 dem Kloster Reichenau vermacht wurde. Bis heute ist sie wichtiger Bestandteil der Reichenauer Bibliothek. Er wurde „sang und klanglos", also ohne Geläut, im Münster in der von ihm erbauten Margarethenkapelle begraben. Zwar wissen wir heute wohl, wo seine sterblichen Überreste liegen, aber der Eingang des geheimnisvollen unterirdischen Ganges zum Vorderen Tanz jedoch bleibt verborgen.

In der nächsten Geschichte besuchen wir das Ende der Welt ...

# VON KONSTANZ BIS ZUM ENDE DER WELT

**Raus aus dem Alltag – rein ins Abenteuer**

In früheren Jahrhunderten gab es noch keinen gesetzlich garantierten Urlaub und kein freies Wochenende. Ferien gab es nicht – ja das Wort selbst existierte in unserer Sprache noch nicht. Reisen in ferne Länder waren selbstverständlich noch kein Massenphänomen, nur Diplomaten, Fernhändler und Soldaten erlebten und entdeckten ferne exotische Länder. Der Alltag der allermeisten Menschen war hingegen durch mehr oder weniger harte Arbeit und Eintönigkeit geprägt. Nicht wenige wünschten sich, wenigstens einmal in ihrem Leben aus diesem öden, vorherbestimmten Alltag auszubrechen und sich auf den Weg zu machen, um ganz Neues zu sehen und zu erleben. Die einzige Möglichkeit für die einfachen Menschen aus niederem Stand war die Pilgerfahrt. Dabei soll keinesfalls verschwiegen werden, dass der Wunsch zu pilgern, d.h. eine heilige Stätte des Christentums aufzusuchen, oft auch religiöse Gründe hatte. Man wollte zu sich und zu seinem Glauben neu finden, eine Sühne für sich oder Angehörige leisten oder man hoffte auf Heilung von einer schweren Krankheit oder ähnliches. Hierbei schlossen – und schließen – sich die einzelnen Motive einander nicht aus. Fest steht, dass im Hochmittelalter, ab dem 11. Jahrhundert, das Pilgerwesen einen schwunghaften Anstieg erlebte.

Rom und Jerusalem, die heiligsten Stätten der Christenheit, waren besonders beliebt. Um den Besitz Jerusalems, ebenfalls für Juden und Muslims eine heilige Stadt, wurden immer wieder erbittert gekämpft – diese Kriege der Christen nennen wir heute Kreuzzüge.

Im Westen von Spanien, in der Region Galizien, liegt eine Stadt, die zeitweise zum bevorzugten Pilgerziel werden sollte – Santiago de Compostela. Der Legende nach sollen dort die Gebeine des Heiligen Jakobus liegen, des Apostels „Jakobus des Älteren, Sohn des Zebedäus". „Santiago" ist die in die spanische Sprache übertragene Version der beiden lateinischen Wörter „Sanctus Jacobus" (Heiliger Jakob) – die Stadt trägt also seinen Namen, sein Grab in der Kathedrale von Santiago ist das Ziel der Pilger. Santiago liegt in der Nähe der Meeresküste, die ungefähr 30 km entfernt ist. Wenn man von Santiago aus direkt zum Meer läuft, stößt man dort auf ein Kap, auf eine schmale Landzunge, die weit in das Wasser hineinragt. Wenn man vorne an der Spitze dieses Kaps steht, ist man von drei Seiten vom wellengepeitschten Atlantik umgeben. Über viele Jahrhunderte, von den alten Römern, die keine besonders mutigen Seeleute waren, bis zum Ende des Mittelalters lebten die Menschen in

*Hl. Jakobus in der Mauritiuskapelle, 13. Jh.*

der Überzeugung, dass weiter im Westen nur noch das große ozeanische Meer sei, man befände sich eben am Ende der Welt. Erst Kolumbus hat den Horizont des Abendlandes im wahrsten Sinne des Wortes geweitet. In Erinnerung an diese Vorstellung heißt dieses Kap noch heute „Cabo de Finisterre" – Kap am Ende der Welt. Wenn sich ein Pilger bis zu dieser Landspitze begibt, darf er sich seit jeher als „Pilger auf dem Weg zum Ende der Welt" bezeichnen. Und sind wir doch mal ehrlich, dies klingt wesentlich romantischer als „Pilger auf dem Weg nach Spanien" oder „Ich bin dann mal weg"...
Im 12. Jahrhundert erlebte die Jakobuswallfahrt einen ersten Höhepunkt, bevor die Besucherzahlen erst einmal deutlich zurückgingen. Als sich in Konstanz ab 1414 Menschen aus ganz Europa versammelten, erlebte das Pilgerwesen wieder einen Aufschwung. Einerseits kamen Gelehrte aus Spanien an den Bodensee und berichteten von ihren heiligen Stätten – allen voran Santiago de Compostela – was die Neugierde Vieler weckte. Andererseits steigerte das Konzil das religiöse Bewusstsein von nicht wenigen Menschen, das Pilgern kam wieder mehr „in Mode". Dabei wollen wir nicht vergessen, dass sich im Konstanzer Münster, dem Hauptversammlungsort des Konzils, einer der ältesten Startpunkte des Jakobsweges in Mitteleuropa befindet. Konstanz und Santiago sind also schon seit Jahrhunderten miteinander verbunden. Damals wie verstärkt auch wieder im 21. Jahrhundert wollten die Menschen aus dem Alltag ausbrechen, ihren Glauben leben und ferne Länder kennenlernen – einfach mal weg sein ...

Kehren wir nun zurück nach Konstanz und erleben einen fast 600 Jahre alten Tag, der plötzlich zur Nacht wurde ...

*Jan Hus vor Gericht*

# HUS UND DIE FINSTERNIS

**Das kosmische Ballett zieht über Konstanz seine Bahnen**

Am 11. August 1999 erlebte Süddeutschland und damit der Bodensee die vorerst letzte Sonnenfinsternis. Jeder Mensch, der solch ein kosmisches Schauspiel einmal bewusst erlebt hat, wird es nie wieder vergessen. Dass sich der Mond direkt vor die Sonnenscheibe schiebt und dabei den Tag für ein paar Minuten zur Nacht werden lässt, passiert nicht gerade häufig. Die nächste totale Sonnenverdunklung wird Konstanz erst im Jahr 2081 erleben.

Dabei waren solche Ereignisse in früheren Jahrhunderten keineswegs freudig erwartete Naturschauspiele. Vielmehr hatten die Menschen Angst davor. Sonnenfinsternisse galten als schon in der Antike als Unheil ankündigende Vorzeichen, als Hinweis des göttlichen Zorns. Bis weit in das 18. Jahrhundert glaubten die Menschen, dass sich die Harmonie, d.h. die gleichmäßige Unveränderlichkeit des Himmels, auf Erden spiegle. Alles, was diese Gleichmäßigkeit stört, war ein Omen für baldiges Unheil. Besondere Angst hatte man vor Kometen. Plötzlich auftauchende neue Lichtpunkte am Firmament kündigten womöglich die Pest, einen baldigen Krieg, Hungersnöte oder ähnlich schreckliche Dinge an. Was erst würde passieren, wenn die lebensspendende Sonne plötzlich „verschluckt" werden würde? Vielleicht das Ende der Welt? Auf jeden Fall säte eine Sonnenfinsternis Furcht in die Herzen auch der tapfersten Menschen. Erst als sich das astronomische Wissen allmählich vertiefte und die Menschen begriffen, das lediglich der Mond die Sonne für ein paar Minuten verdeckt, fingen sie an, dieses Naturschauspiel fasziniert zu genießen – ein wahrhaft kosmisches Ballett.

Doch von dieser Einsicht war man auf dem Konstanzer Konzil noch Jahrhunderte entfernt. Als nun Jan Hus 1414 in Konstanz auftauchte, brach König Sigismund gegenüber diesem sein Versprechen eines freien Geleits und ungehinderten Aufenthalts am Bodensee und ließ den tschechischen Kirchenkritiker verhaften. Mit dem Ziel, ihn zur Aufgabe seiner reformatorischen Thesen zu bewegen, stellte man ihn vor Gericht. Am 7. Juni 1415 fand die zweite Anhörung von Hus statt. Doch bevor diese beginnen konnte, schauten die Menschen verschreckt und verängstigt zum Himmel. Die Sonne verschwand binnen Minuten, die Vögel hörten auf zu zwitschern, es wurde dunkel und die Menschen stoppten ihre Arbeiten. Würde die Sonne wieder auftauchen oder strafte Gott die Menschen wegen ihrer zahllosen Sünden? War gar das Jüngste Gericht nahe? Als nach wenigen Minuten die Sonne wieder auftauchte, gingen

die Menschen ihren Geschäften wieder nach – mit dem Gefühl, dass dieses Ereignis nicht ohne Grund vom Schöpfer geschickt worden war. Manche glaubten, dass dieses Vorzeichen sich auf Jan Hus und dessen Prozess bezog. War Gott einverstanden mit dem Lauf der Dinge auf dem Konzil? Sollte man die Sonnenfinsternis so deuten, dass der Allvater selbst Hus und seine Ideen ablehnte? Oder bezog sich jener Himmelsschrecken auf die Tatsache, dass der Böhme zu Unrecht vor Gericht stand? Man sieht, es war für Jeden etwas dabei. Man konnte die Finsternis so deuten, wie man es wollte.
Eines jedenfalls steht fest: Jan Hus wurde verurteilt und hingerichtet, die Welt wurde dadurch nicht friedlicher, aber untergegangen ist sie auch nicht – zumindest noch nicht …

Wenden wir nun unseren Blick ab vom Himmelszelt und betrachten das, was direkt vor uns liegt – den alltäglichen Schmutz der Straße …

## JAN HUS UND DAS STINKENDE MAULTIER

### Ein Todgeweihter zwischen Himmel und Hölle

Die Verurteilung des Jan Hus hielten viele für gerecht. Immerhin war er aus Sicht der Kirche ein Ketzer. Solchen „Abtrünnigen" drohte die Todesstrafe, falls sie den falschen Lehren nicht abschwörten. Einen – aus seiner Sicht – Tod als Märtyrer nahm er in Kauf, um seiner Sache zu dienen.

Am 6. Juli 1415 führte man ihn vor die Tore der Stadt, um ihn zu verbrennen. Über die letzten Minuten seines Lebens gibt es nun zwei sehr ungleiche Überlieferungen mit ganz unterschiedlichen Absichten:

Ein Landsmann und Anhänger von Jan Hus, Peter von Mladoniowitz, hinterließ uns einen Bericht, in dem Hus erhobenen Hauptes heiter und gelassen in den Tod ging, darauf vertrauend, dass Gott auf seiner Seite sei. Als der Scheiterhaufen angezündet wurde, begann er zu singen, voller Vorfreude auf das Paradies und Gott, dem er in wenigen Augenblicken gegenüber stehen würde. Unmittelbar bevor die Flammen ihn erstickten, schien er sich noch ein letztes Mal friedlich zu bewegen, um sodann zu vergehen. Für Peter von Mladoniowitz war Hus ein Heiliger und so starb er auch. Die Parallelen zur Passion Christi sind unübersehbar. Jan Hus stieg vom Scheiterhaufen direkt in den Himmel auf.

Der Konzilschronist Ulrich von Richental, ein Gegner des Böhmen, der dessen Lehren scharf verurteilte, schilderte hingegen ein ganz anderes Sterben. Bei ihm starb Hus qualvoll schreiend. Als dieser sein Leben in den Flammen ausgehaucht hatte, verbreitete sich plötzlich ein unerträglicher Geruch. An der gleichen Stelle, an der Hus hingerichtet worden war, habe kurz zuvor ein Kardinal ein verendetes Maultier vergraben lassen. Als Hus nun brannte, tat sich die Erde auf und der Tierkadaver verströmte Übelkeit verursachenden Gestank. Hier kommt es gleich zu mehreren Anspielungen. Einerseits ist die sich öffnende Erde ein Hinweis auf die Hölle, die den Sünder und Ketzer Hus nun aufnahm. Andererseits ist das erwähnte Maultier eine Mischung auf Pferd und Esel, wobei beide Tiere Symbole für Ketzerei und Hochmut sind. Für Richental ist mit dem Böhmen ein Ketzer verdientermaßen hingerichtet worden, der direkt von der Hölle verschluckt wurde.

So bewegt sich Jan Hus, je nach Standpunkt des Betrachters, zwischen Himmel und Hölle. Beides scheint also nahe beieinander zu sein …

Und wer war Papst in Frankreich …?

## DER STÖRRISCHE PAPST

**Wie in Konstanz drei Päpste abgesetzt wurden, einer sich aber dem mächtigen Arm des Kaisers entziehen konnte**

Pedro de Luna, von seinen Anhängern auch gerne Papa Luna genannt, wurde um 1330 in Aragon im heutigen Spanien geboren. Früh schlug er eine Laufbahn als Geistlicher ein. Von besonderem Ehrgeiz getrieben wurde er schließlich 1375 zum Kardinal ernannt. Als sich die abendländische Kirche 1378 in die Anhänger eines römischen und eines avignoneser Papstes aufteilte, schloss er sich nach einigem Zögern der französischen Fraktion an und unterstützte die Päpste in Avignon. Nach dem Tod Clemens VII. 1394 war Pedro de Luna endlich am Ziel seiner Pläne, er wurde in Avignon zum neuen Papst gewählt und nannte sich fortan Benedikt XIII.

Von Anfang an haftete ihm der Makel des Gegenpapstes an, der zu Unrecht für sich an Anspruch nahm, der Nachfolger Petri zu sein. Umso erstaunlicher ist, dass er der am längsten regierende Gegenpapst wurde. Als erneut die Aufforderung, diesmal von Seiten eines französischen Nationalkonzils, an Benedikt herangetragen wurde, in Sinne der Einheit der Christenheit zurückzutreten, lehnte er dies brüskiert ab. Selbst eine monatelange Belagerung durch Soldaten des französischen Königs saß er aus. Hinter den mächtigen Mauern des Papstpalastes in Avignon wähnte er sich sicher. Und in der Tat kam ihm König Martin von Aragon zu Hilfe, so dass Benedikt sich weiter als einzig wahrer Papst fühlen konnte. Allerdings kam er kurze Zeit später in Ehrenhaft, ein durchaus bequemer Hausarrest. Sein Aufpasser wurde der Herzog Ludwig von Orleans. Doch auch dies ließ den Spanier nicht verzagen. Nach fünf Jahren gelang ihm die Flucht. Er zog jahrelang durch Frankreich, einen Verzicht auf das Papstamt zu keinem Zeitpunkt in Erwägung ziehend. 1409 wurden Benedikt und sein Widerpart in Rom, Gegenpapst Gregor XII., feierlich abgesetzt und mit Alexander V. ein neuer Papst gewählt. Doch weder Gregor noch Benedikt akzeptierten ihre Absetzung, so dass es fortan drei Päpste gleichzeitig gab.

Nun wurde der Ruf nach einem allgemeinen Konzil, das diesen Missstand endgültig beseitigen sollte, immer lauter. Der deutsche König Sigismund nahm sich dieser Idee an und setzte nach langen Verhandlungen Konstanz als Konzilsort und 1414 als Zeitpunkt durch. Die beiden Päpste Gregor XII. und Johannes XXIII. wurden vom Konzil gezwungen zurückzutreten. Doch Benedikt blieb mal wieder störrisch – oder standhaft, je nach Blickwinkel des Betrachters. Er soll gegenüber einem Vertrauten gesagt haben, dass er lieber zu den Pforten der Hölle wandern werde als

auch sich auch nur in die Nähe von Konstanz zu begeben. Das Schicksal von Johannes XXIII., der als Papst nach Konstanz gekommen war und es als Gefangener wieder verließ, war ihm ein warnendes Beispiel. König Sigismund zog 1415 nach Perpignan in Frankreich, um auch Benedikt zur Abdankung zu bewegen. Doch auch dieser Versuch schlug fehl.
Benedikt argumentierte bei all dem Streit nicht ungeschickt. Nach seiner Auffassung sei er der einzig legitime Kardinal, da er vor dem abendländischen Schisma 1378 ernannt wurde. Alle anderen Kardinäle aus der Zeit vor 1378 waren bereits tot. Daher oblag ihm allein das Recht, den nächsten Papst zu wählen, wozu er auch bereit sei. Dabei versprach er auch, sich selbst nicht zu wählen. Auf solch eine Argumentation ging Sigismund selbstverständlich nicht ein. So wurde Benedikt in Abwesenheit am 4. Juli 1415 auf dem Konzil von Konstanz offiziell abgesetzt. Doch auch dies ließ ihn nicht einlenken. Ebenso blieb er 1417 von der Wahl des neuen Papstes Papst Martin V. unbeeindruckt. Er zog sich auf die alte Templerburg Peniscola in Spanien zurück und harrte dort aus. Diese Festung bezeichnete er als „Arche Noah der wahren Kirche."
Von der Welt vergessen, von nahezu niemandem mehr als Papst angesehen, starb er 1423 im festen Glauben, der einzig wahre Papst zu sein. Egal wie man im Einzelnen zu diesem Gegenpapst steht, zwei Dinge kann man ihm nicht vorwerfen: Mangelndes Selbstbewusstsein und fehlende Standhaftigkeit.

Wir hoffen, dass Ihnen, lieber Leser, die Lektüre des Buches so viel Spaß gemacht wie uns, es zu schreiben. Vielleicht wurden Sie inspiriert, die wunderschöne Stadt Konstanz einmal zu besuchen, die Stätten des Konzils zu besichtigen und sich dabei an die eine oder andere Sage, Legende oder Geschichte aus diesem Buch zu erinnern.
Vielleicht begegnen wir uns dann mal, wenn Egon oder Ulrich wieder als Ritter oder Nachtwächter unterwegs sind,
Noch eine gute Zeit und gehabt euch wohl, ihr Leut!!!

# QUELLEN- UND LITERATURVERZEICHNIS


Alte Passional – eine mittelhochdeutsche Legendensammlung, Deutschland, um 1460

Aschbach, Joseph, Geschichte Kaiser Sigismunds, Hamburg, 1845

Bader, Josef, Otto von Hachberg, Bischof zu Konstanz, 1844

Baedeker, Karl, Süd-Deutschland – Die Rheinlande von Frankfurt bis Konstanz, Württemberg und Bayern, Leipzig, 1887

Balzac, Honoré de, Die drolligen Geschichten, welchselbige der wohledle Herr von Balzac als Festtagsschmaus für alle Pantargruelskindlein in den Abteien der Touraine sammelte und ans Licht zog. Neuerlich in unserm liebem Deutsch wiedererzählt und weidlich gerühmet, von dem edlen Carl Theodor Ritter von Riba und Bierbaum, Berlin, 1900

Barile, Ulrico, Cognata, Egino, Racconto Leggendario del ConCillio di Costanza, Firenze, 1848

Bartoš, F. M., Hus a město Kostnice 1415–1915, Prag, 1934

Becker-Huberti, Manfred, Feiern, Feste, Jahreszeiten. Lebendige Bräuche im ganzen Jahr, Freiburg-Basel-Wien, 2001

Becker, Carl, Die beiden böhmischen Reformatoren und Martyrer Johann Huß und Hieronymus von Prag, 1858

Bleckmann, Caroline, Jansen, Michaela, King, Stefan, Kaufhaus am Hafen (Konzil), Faltblatt zum Tag des offenen Denkmals 2010, Konstanz, 2010

Bolte, Johannes, Jakob Freys Gartengesellschaft (1556), Tübingen, 1896

Brockhaus, Conversations-Lexikon, Amsterdam, 1809

Buck, Thomas Martin, Chronik des Konstanzer Konzils von 1414–1418 von Ulrich Richental, Ostfildern, 2010

Burg, Joseph, Die Briefe des großen Indianer-Apostels von Indien und Japan, Köln, 1839

Bütler, Placidus, Die Freiherren von Enne auf Grimmenstein, St. Gallen, 1916

Büttner, Ulrich, Schwär, Egon, Neue Sagen der Stadt Konstanz und Umgebung, Stegen, 2011

Calliano, Carl, Niederösterreichischer Sagenschatz, Wien, 1924

Cornides, Elisabeth, Rose und Schwert im päpstlichen Zeremoniell, Wien, 1967

Delphinkreis, Von Stadtteilen, Baulichkeiten und Originalen aus Konstanz und der Schweizer Nachbarschaft, Konstanz, 1986

Duda, Wendelin, Die Sagen der Stadt Konstanz und der Inseln Reichenau und Mainau, Freiburger Echo Verlag, 2005
Duda, Wendelin, Schwär, Egon, Die Sagen zwischen Kandel und Feldberg, Freiburger Echo Verlag, 2008
Duden, Familiennamen, Herkunft und Bedeutung, Mannheim, 2000
Duden, Das Herkunftswörterbuch, Mannheim, 1997
Ebelin, Chronik von Constanz, 1789
Falkner, Christian, Sagen aus dem Ötztal, Innsbruck, 1963
Feger, Otto, Kleine Geschichte der Stadt Konstanz, Konstanz, 1972
Fehrle, Eugen, Deutsche Feste und Jahresbräuche, Leipzig, 1936
Felder, Gottlieb, Die Burgen der Kantone St. Gallen und Appenzell, St. Gallen, 1907
Flajšhanse, Václava, Hus v Kostnici, Prag, 1905
Flamm, Hermann, Waibel, Josef, Badisches Sagenbuch, Band II, Freiburg, 1898
Frankfurter Zeitung, Ermatingen, 1902
Gran, Heinrich und Rynmann, Johann, Rosarium Sermonu predicabi ..., Hagenau, Augsburg, 1503
Greenblatt, Stephen, Die Wende, New York, 2011
Guardini, Romano, Der Rosenkranz Unserer Lieben Frau – Gedanken über das Rosenkranzgebet, Würzburg, 1940
Gruler, Wolfgang, Pfaffen, Ketzer, Kurtisanen, Konstanz, 2013
Hammer, Peter, Des Juden Abraham von Worms Buch, Köln, 1725
Hardt, Hermannus von der, Historis Literatia Reformationis in honorem jubilaei Anno 17171 constans quique partibus, Frankfurt, 1717
Heer, Heinz Günther, Lexikon der Stadt Konstanz, Konstanz, 2001
Heine, Martina, John, Herwig, Kreiswappen und Gemeindewappen in Baden-Württemberg, Band 3 – Die Kreiswappen und Gemeindewappen im Regierungsbezirk Freiburg, Stuttgart, 1989
Helfert, Josef Alexander, Hus und Hieronymus, Prag, 1853
Henning, Beate, Kleines Mittelhochdeutsches Wörterbuch, Tübingen, 2001
Hergenröther, Joseph, Kirchengeschichte, 1876
Hirsch, Fritz, Konstanzer Häuserbuch, Heidelberg, 1906
Hoffmann-Krayer, E., Bächtold-Stäubli, H., Handwörterbuch des deutschen Aberglaubens, Berlin und Leipzig, 1932
Hofmann, Albert von, Die Stadt Konstanz, Stuttgart, 1922
Hörmann, Ludwig, von Wanderungen in Vorarlberg, Bregenz, 1901
Kallenberg, Jakob, Wapen des heiligen Römischen Reichs Teutscher Nation (Fahnenbuch), Frankfurt am Main, 1544
Kapff, Rudolf, Schwäbische Sagen, Jena, 1926
Kastell, Franz Joseph, Catalog nebst einigen merkwürdigen theils noch

ungedruckten Schriften und Notizen über das ConCillium im Jahr 1414 in Konstanz, Konstanz, 1832
Keupp, Jan, Schwarz, Jörg, Konstanz 1414–1418, Darmstadt, 2013
Konzilstadt Konstanz, Konzil im Blick, Konstanz, 2009–2013
Krieger, Albert, Topographisches Wörterbuch des Großherzogtums Baden, Heidelberg, 1904
Krogh-Tonning, Knud Carl Ansgar, Die heilige Brigitta von Schweden, Kempten, 1907
Krones, Franz von, Allgemeine Deutsche Biographie, Friedrich IV., Leipzig, 1877
Kulturamt Konstanz, Der Kaiserbrunnen auf der Marktstätte, Konstanz, 1994
Laible, Josef, Geschichte der Stadt Konstanz und ihrer nächsten Umgebung, Konstanz, 1896
Lindner, Theodor, Allgemeine Deutsche Biographie, Leipzig, 1892
Marmor, Johann, Das Konzil zu Konstanz in den Jahren 1414–1418 nach Ulrich Richentals handschriftlicher Chronik, 1858
Marmor, Johann, Geschichtliche Topographie der Stadt Konstanz und ihrer nächsten Umgebung mit besonderer Berücksichtigung der Sitten- und Kulturgeschichte derselben, Konstanz, 1860
Martens, Wilhelm, Geschichte der Stadt Konstanz, Konstanz, 1911
Matschler, Hans, Der Burggräfler in Glaube und Sage, Bozen, 1933
Meier, Ernst, Deutsche Sagen, Sitten und Gebräuche aus Schwaben, Stuttgart, 1852
Otte, Heinrich, Glockenkunde, Leipzig, 1858
Palacky, Franz, Geschichte von Böhmen, Größtenteils nach Urkunden und Handschriften, Prag, 1865
Passarge, T., Oswald von Wolkenstein, Dichtungen 1367–1445, Übersetzt, eingeleitet und erklärt, Leibzig, 1890
Pecci, Vincenzo Gioachino, Supremi apostaolatus officio: Der Rosenkranz in Geschichte und Gegenwart, Rom, 1883
Petzold, Leander, Historische Sagen, Gütersloh, 1994
Petzold, Leander, Sagen aus Vorarlberg, München, 1994
Pisch, Franz, Dorfbuch Inzing, Inzing, 2007
Powers, Geroge C., Nationalism at the Council of Constance (1414–1418), Washington, 1927
Rathmann, Thomas, Geschehen und Geschichten des Konstanzer Konzils: Chroniken, Briefe, Lieder und Sprüche als Konstitutienten eines Ereignisses, Paderborn, 2000
Ratsbuch, Wächterordnung, Konstanz, 1456
Reich, Lucian, Die Insel Mainau und der badische Bodensee, Karlsruhe, 1856
Richental, Ulrich, Chronik des Konstanzer Konzils 1414–1418. Mit

Geleitwort, Bildbeschreibung und Textübertragung in unsere heutige Sprache von Michael Müller, Konstanz, 1984
Ritter von Alpenburg, Johann Nepomuk, Deutsche Alpensagen, Wien, 1861
Röhrich, Lutz, Lexikon der sprichwörtlichen Redensarten, Freiburg, 1991
Rückheimer, Jürgen, Stadtgespräch, Konstanz, 2013
Schelle, Klaus, Das Konstanzer Konzil 1414–1418, Konstanz, 2010
Schnetzler, August, Sagen Freiburgs und des Breisgaus, Freiburg, 1899
Schnezler, August, Badisches Sagenbuch, Karlsruhe, 1846
Schrott, Johannes, Gedichte Oswalds von Wolkenstein, Stuttgart, 1886
Schwär, Egon, Sagen in Oberried und seinen Ortsteilen Hofsgrund, St. Wilhelm, Zastler und Weilersbach, Freiburger Echo Verlag, 2008
Seidel, Johann Gabriel, Tirol und Steiermark, Leipzig, 1847
Seufert, Ralf, Konstanz – 2000 Jahre Geschichte, , Konstanz, 2003
Sorg, Anton, Ulrich Richental: Das ConCillium buoch geschen zuo Costencz., Augsburg, 1483
Srbik, Robert von, Überblick des Bergbaues von Tirol und Vorarlberg in Vergangenheit und Gegenwart, Innsbruck, 1929
Städele, Dieter, Konstanzer Beiträge zu Geschichte und Gegenwart, Konstanz, 1989
Stadt Konstanz, Festschrift zur Wiedereröffnung des Konzilgebäudes 15. März 1970, Konstanz, 1970
Stadt Konstanz, Herz einer Ferienlandschaft, Konstanz, um 1980
Tiroler Bote, 1827
Tosti, Luigi, Storia del ConCillio di Constanza, 1855
Trennert-Helwig, Mathias, Konstanzer Konzil kompakt 1414-1418, Konstanz, 2013
Uhland, Ludwig, Schriften zur Geschichte der Dichtung und Sage, Band 7, Stuttgart, 1868
Vonbun, Franz Josef, Die Sagen Vorarlbergs, 1847
Welte, Benedict, Wetzer, Heinrich, Encyklopädie der Katholischen Theologie und Ihrer Hülfswissenchaften, 1847
Wetzer, Heinrich, Welte, Benedict, Encyklopädie der Katholischen Theologie und Ihrer Hülfswissenchaften, 1847
Wilhelm, L., Konstanzer Zeitung, 1935
Würmli, Marcus, Mein farbiger Naturführer, Köln, 1990
Wurzach, Constantin von, Biographisches Lexikon des Österreichischen Kaisertums, Habsburg, Friedrich IV. mit der leeren Tasche, Wien, 1860
Zang, Gert, Kleine Geschichte der Stadt Konstanz, Karlsruhe, 2010
Zeller, Jules, La réforme, Paris, 1891
Zingerle, Ignaz von, Sagen aus Tirol, Innsbruck, 1891

# DANKSAGUNG

Ein herzliches Dankeschön an die Konzilstadt Konstanz, insbesondere Frau Ruth Baader, für Ihr persönliches Engagement, Ideenreichtum und wertvolle Unterstützung bei der Verwirklichung dieses Buchprojekts.

Ulrich Büttner und Egon Schwär, 2014

**Der Verlag dankt für die freundliche Unterstützung**

ingun Prüfmittelbau GmbH
Max-Stromeyer-Straße 162
78467 Konstanz
Telefon:+ 49 7531 8105-0
Telefax: + 49 7531 8105-65
www.ingun.com